EDITION Leidfaden
Hrsg. von Monika Müller

Die Buchreihe *Edition Leidfaden* ist Teil des Programmschwerpunkts »Trauerbegleitung« bei Vandenhoeck & Ruprecht, in dessen Zentrum seit 2012 die Zeitschrift »Leidfaden – Fachmagazin für Krisen, Leid, Trauer« steht. Die Edition bietet Grundlagen zu wichtigen Einzelthemen und Fragestellungen im (semi-)professionellen Umgang mit Trauernden.

Marianne Bevier / Christoph Bevier

Selig sind die Trauernden

Trauer in der Seelsorge

Vandenhoeck & Ruprecht

Bibliografische Information der Deutschen Nationalbibliothek:
Die Deutsche Nationalbibliothek verzeichnet diese Publikation in der
Deutschen Nationalbibliografie; detaillierte bibliografische Daten sind
im Internet über https://dnb.de abrufbar.

© 2020, Vandenhoeck & Ruprecht GmbH & Co. KG,
Theaterstraße 13, D-37073 Göttingen
Alle Rechte vorbehalten. Das Werk und seine Teile sind urheberrechtlich
geschützt. Jede Verwertung in anderen als den gesetzlich zugelassenen Fällen
bedarf der vorherigen schriftlichen Einwilligung des Verlages.

Umschlagabbildung: Kirchenfenster St. Valentin in Limbach/Baden.
Eingelagerte Ruß- und Staubpartikel © Gabriele Wilpers, 2007

Satz: SchwabScantechnik, Göttingen
Druck und Bindung: ⊕ Hubert & Co. BuchPartner, Göttingen
Printed in the EU

Vandenhoeck & Ruprecht Verlage | www.vandenhoeck-ruprecht-verlage.com

ISSN 2198-2856
ISBN 978-3-525-40690-8

Inhalt

Vorbemerkung 7

1 Einführung 8

2 Biblische Grundlegung von Seelsorge im Hinblick auf Trauer ... 14
Altes Testament 14
Neues Testament 21

3 Grundlagen der Seelsorge 28
Grundsätzliche Bedeutung von Seelsorge 28
Zur Haltung des Seelsorgers 29
Seelsorge als Beziehungsgeschehen 34
Transzendenz und Sinn 40

4 Trauer im Kontext von Seelsorge 45
Tiefenpsychologie 45
Bindungsforschung 46
Verhaltenspsychologie 47
Kognitive Psychologie 48
Phasen- und Aufgabenmodell in der Trauerbegleitung 49
Hypnosystemische Trauerbegleitung 50
Trauer als individueller Prozess 51

5 Alles hat seine Zeit – Biblische Weisheitstradition und Resilienz   52
Resilienz 52
Biblische Weisheit 56
Trauerseelsorge und Weisheit 63

6 Schuld in der Trauerseelsorge 70
Schuld in den Rechtswissenschaften 73
Schuld in der Psychologie 73
Schuld in der Theologie 75
Zum Umgang mit Schuld 79
Schuld und Suizid 81

7 Rituale 84
Alltagsrituale 84
Religiöse Rituale 86
Rituale in der Trauerseelsorge 86
Ritualkompetenz 91
Segen 94

8 Beerdigung 95
Die Person des Beerdigenden 96
Rahmen und Ablauf 108
Inhalte 115
Eine offene Frage: Trauerseelsorge 115

9 Hoffnung 118
Hoffnung des Seelsorgers 118
Seelsorger als Mitglieder einer Organisation in Abschiedsprozessen 120
Hoffnungsbilder 122

Literatur 134

Vorbemerkung

Als christliche Theologin und christlicher Theologe ist unser Bezugs- und Deutungsrahmen die Bibel und die christliche Tradition. Hier finden wir die Orientierung, wenn es um die geistliche Dimension geht, die sich mit Trauer beschäftigt. Dies bedeutet nicht, dass Bibel und christliche Tradition der einzige Bezugs- und Deutungsrahmen für Seelsorge sind, die sich mit Trauer und Trauernden beschäftigt. Für Seelsorgerinnen und Seelsorger, die einer anderen als der christlichen Religion angehören, stellt sich die Aufgabe, sich an den eigenen Heiligen Schriften und Traditionen für die Seelsorge mit Trauernden zu orientieren. Vielleicht ist die Art, wie wir uns auf die Grundlagen unserer Religion beziehen, ein Vorbild für Seelsorgerinnen und Seelsorgerinnen anderer Religionen, sich auf die eigene Religion zu beziehen. Das würde uns freuen.

1 Einführung

Jahrhundertelang war Trauer im Zusammenleben von Menschen verortet und hatte ihren natürlichen, ins Leben von Menschen integrierten Platz. Wenn jemand verstorben war, kamen Nachbarn und haben kondoliert, der Verstorbene wurde durch das Dorf getragen und es gab klare kirchliche und weltliche Riten, mit denen die Trauer gestaltet wurde. Trauernde gingen regelmäßig auf den Friedhof, trafen andere Trauernde, kamen ins Gespräch und fanden aneinander Halt und Trost. Trauernde trugen schwarze Kleidung und machten so deutlich, dass sie in einer besonderen Lebenssituation waren. Allen war klar, wie man einem Menschen in dieser besonderen Lebenssituation begegnet. In den christlichen Gemeinden waren die Trauernden aufgehoben in einer Gemeinschaft, die sich als selbstverständlich verstand und funktionierte. Der Fokus lag auf der Gemeinschaft und dem Gemeinschaftlichen. Traditionen war unhinterfragt da und hielten die Gemeinschaft zusammen. Dies hatte Vor- und Nachteile. Die Vorteile waren Geborgenheit und Aufgehobensein, die Nachteile eine starke Normierung und Enge in der Lebenshaltung.

Durch den gesellschaftlichen Umbruch in den letzten Jahrzehnten haben sich die Lebensverhältnisse radikal verändert. Traditionen sind verloren gegangen, Gemeinschaften wurden durch Milieus ersetzt und Menschen stehen vor der Chance und Not, sich ihr eigenes Bezugsfeld und ihre eigene Gemeinschaft zu suchen und auszuwählen, wohin sie gehören wollen und wohin nicht. Individualisierung und Partikularisierung sind Stichworte, die einem allerorts begegnen.

Für Trauernde bedeutet dies, dass sie keinen gemeinschaftlichen Raum mehr vorfinden, in dem sie ihre Trauer leben können, auch keine Vorgaben mehr, die ihnen Halt und Orientierung (aber auch Verpflichtung) sind, sondern dass sie ihre Trauer individuell bestimmen müssen. Ziehe ich schwarze Kleidung an oder weiße oder bunte? Möchte ich den Sarg für den Verstorbenen[1] weiß oder schwarz oder bunt haben? Wähle ich Rockmusik bei der Beerdigung oder Choräle? Lasse ich den Verstorbenen auf dem Friedhof beerdigen, anonym bestatten oder im Friedwald oder wähle ich eine Seebestattung?

Die Individualisierung bringt die Chance und Notwendigkeit zur Autonomie mit sich. Man darf und kann selbst entscheiden. Aber man muss auch selbst entscheiden. In der Trauer funktioniert Autonomie jedoch oft nicht mehr, weil der Verlust und seine Konsequenzen die Fähigkeiten zur Autonomie unterwandern. Trauernde sind von ihren Gefühlen überwältigt. Autonomie ist genau das, was Trauernde oft nicht mehr zur Verfügung haben. Der Boden unter den Füßen rutscht weg. Körper, Seele und Geist verhalten sich anders als gewohnt. Trauernde spüren stärker, dass sie auf andere Menschen angewiesen sind. Sie spüren, dass sie nicht alles allein bewältigen können und sie Zeit und Raum brauchen, damit ihre Seele Orientierung und Ruhe finden kann. Sie brauchen einen Raum, in dem sie ihre Gefühle leben, ihre Fragen stellen und ihre Ohnmacht zeigen können.

Seelsorge bietet solch einen Raum. Sie ist menschliche Zuwendung und Sorge für die Seele, die sich über Jahrhunderte in den christlichen Kirchen entwickelt hat und in unserer Gesellschaft noch immer einen wichtigen Auftrag übernimmt.

---

1 Im Folgenden benutzen wir um der besseren Lesbarkeit willen das generische Maskulinum.

Seelsorge wendet sich allen Menschen zu aus dem Glauben heraus, dass Gott Menschen so annimmt, wie sie sind, und ihm ihr Heil am Herzen liegt.

In der Lehre der Kirchen wird Seelsorge in die allgemeine Seelsorge, Cura animarum generalis, und die spezielle Seelsorge, Cura animarum specialis, unterteilt. Die allgemeine Seelsorge versteht alles kirchliche Handeln als Sorge um das Sein des Menschen. Die spezielle Seelsorge konkretisiert diesen allgemeinen Auftrag durch seelsorgliches Handeln an Menschen, die in Not sind, vor Übergängen stehen und von Lebenskrisen betroffen sind. Die spezielle Seelsorge wird im Folgenden näher beschrieben.

Seelsorge ist ein individuelles, personales Geschehen. Sie geschieht in einer Beziehung, in der der Mensch, der Seelsorge in Anspruch nimmt, mit seinem Anliegen im Mittelpunkt steht.

Seelsorge ist zweckfrei. Der Seelsorger gibt den Rahmen für die Begegnung vor, hat aber kein eigenes Ziel in dieser Beziehung. Es geht einzig und allein darum, dem anderen Menschen zu helfen, sich selbst zu verstehen und einen Weg für sich selbst zu finden.

Seelsorge hat immer einen Bezug zu Gott, oder allgemeiner gesagt, zur Transzendenz. Sie kann die Wirklichkeit des Gegenübers deuten als eine Wirklichkeit, die getragen wird von einer größeren Wirklichkeit. Sie sieht unser Leben im Zusammenhang mit Gottes Schöpfung und Gottes Heilshandeln. Das bedeutet nicht, dass Seelsorge dies immer explizit ausspricht, sondern dass der Seelsorger diese Wirklichkeit mitbringt und so dem Anderen hilft, eine Deutung seines Lebens zu finden und zu formulieren.

Seelsorge ist ein aufsuchendes und freies Angebot. Als Angebot der christlichen Kirchen kann sie von jedem Menschen in Anspruch genommen werden. Sie ist unentgeltlich und fragt nicht nach Religion und Konfession, sondern ist für Menschen da, die Begleitung suchen.

Seelsorge ist inhaltlich gebunden an die christliche Gemeinde. Sie ist nicht beliebig, sondern klar erkennbar in ihrem Sinnangebot. Wenn ein Mensch christliche Seelsorge in Anspruch nimmt, weiß er, auf was er sich einlässt.

Seelsorge lädt Menschen in die Gemeinschaft ein. Sie öffnet das Geschehen in die christliche Gemeinschaft hinein, weil sie aus dieser Gemeinschaft heraus kommt und von ihr beauftragt ist. Sie lädt ein zu Gebet, Gottesdienst und weiteren Ritualen und vollzieht sie mit den Trauernden.

Spezifische Seelsorge hat hohe Qualitätsstandards. Von den Kirchen wird großen Wert auf eine fundierte Ausbildung gelegt, zusätzlich zu den Qualifikationen für die allgemeine Seelsorge.

Ebenso wie die Trauer in unserer Gesellschaft an den Rand gedrängt wurde, ist Seelsorge auch nicht mehr in der Mitte kirchlichen Handelns verortet. Sie droht unterzugehen und geht teilweise unter in der Sorge um das Fortbestehen der Kirchen, im stressigen Alltag der zu wenigen kirchlichen Mitarbeiter und durch die Verunsicherung, wie christlicher Glaube in der Welt gelebt werden kann. Christliche Gemeinden sind damit beschäftigt, das bestehende Gemeindeleben aufrechtzuerhalten, und verlieren zunehmend die Offenheit und Kapazität für die freie Zuwendung zu allen Menschen in der Seelsorge.

Paradoxerweise hat Seelsorge als spezifische Seelsorge in Krankenhäusern und anderen Institutionen bislang ihre große Bedeutung behalten. Sie ist hier ein Feld, in dem sich Gesellschaft und Kirche noch begegnen. In den weltlichen Institutionen, in denen Seelsorge noch ihren selbstverständlichen Platz hat, wirkt sie in die Gesellschaft hinein und erreicht Menschen, die sich schon länger von Kirche und Christentum verabschiedet haben. Den Kirchen ist durch die spezifische Seelsorge die große Chance gegeben, ihr fremd gewordene Menschen zu erreichen und die Themen Glauben und Religion wach zu halten.

Trauernde Menschen und Seelsorge gehören nicht mehr selbstverständlich zum Leben dazu. Trauer und Seelsorge sind nicht mehr selbstverständlich, ihre Wirklichkeit ist nicht mehr selbstverständlich ins Leben integriert, sondern muss eigens beschrieben werden, bedarf eigener Zuwendung und Aufmerksamkeit.

Trauer hat eine Nische in der Gesellschaft gefunden. Sie hat ihren Platz beispielsweise in der Hospizarbeit, in Trauercafés und Trauergruppen, die von verschiedenen Institutionen angeboten werden, in Gedenkgottesdiensten von Kliniken und Hospizen oder in Bestattungsunternehmen, die sich trauernder Menschen annehmen. Dass Trauerarbeit wichtig ist, haben einige öffentliche Stellen erkannt und zeigen dies auch zunehmend durch finanzielle Unterstützung von Trauerarbeit.

Seelsorge hat ihren Nischenplatz in den Kirchen. Sie wird unter anderem in Krankenhäusern, Altenheimen und Gefängnissen, als Notfall- und Telefonseelsorge, als Polizei- und Militärseelsorge, als Seelsorge für Menschen mit Handicaps, ehrenamtlich und hauptberuflich angeboten. Alle diese Angebote werden von der Gesellschaft sehr geschätzt und gern in Anspruch genommen.

Seelsorge in den Gemeinden fällt dagegen oft dem zeitlichen Druck und der Überforderung zum Opfer, den Einzelnen innerhalb der großen Bezüge im Blick zu behalten. In den Gemeinden ist Seelsorge hauptsächlich im Umfeld der Kasualien (Taufe, Hochzeit, Beerdigung) verortet. Hinzu kommen angesichts sich verringernder finanzieller und personeller Möglichkeiten Konkurrenz und Verteilungskämpfe zwischen Verantwortlichen, die in den Gemeinden arbeiten, und jenen, die im Feld der Sonderseelsorge tätig sind. Die gegenseitige Wahrnehmung bedarf immer wieder neuer und stärkerer Verständigung.

Trauer und Seelsorge gehören zusammen. Trauer ist die Reaktion von Menschen, die einen schmerzhaften Verlust erlitten haben, eine schwere Lebenskrise zu bewältigen haben oder einen Umbruch im Leben erfahren. Seelsorge schafft einen Raum, um Verluste anzuerkennen, zu erleben und zu bewältigen und eine neue Beziehung zum Leben einzugehen.

Wir hoffen, dass die Zusammengehörigkeit von Seelsorge und Trauer in diesem Buch deutlich wird. Und wir hoffen, dazu beizutragen, dass Trauer und Seelsorge aus ihren Nischen herauskommen und wieder Teil unseres normalen menschlichen Miteinanders werden.

2 Biblische Grundlegung von Seelsorge im Hinblick auf Trauer

Altes Testament

Im Alten Testament wird in vielen Geschichten die Beziehung Gottes zu seinem Volk erzählt. Menschen reflektieren ihre Lebenserfahrungen und setzen sie ins Verhältnis zu Gott. Besonders die Leiderfahrungen sind Teil dieser In-Beziehung-Setzung.

Der Mensch ist Teil der Schöpfung Gottes (Genesis 1-11) – Mühsal und Schmerz gehören zum menschlichen Leben

Die Schöpfungsgeschichte gehört zu den Urgeschichten der Bibel, in denen das menschliche Leben mit allen Freuden, Erfolgen, Glück, Mühen, Schwierigkeiten und Konflikten beschrieben und in Beziehung zu Gott, dem Ursprung allen Lebens, gestellt und gedeutet wird.

In der Schöpfungsgeschichte wird erzählt, dass der Mensch im Paradies in einer heilen Beziehung zu Gott, zur Schöpfung und zu sich selbst lebt. Aus diesen heilen Bezügen des Paradieses fällt er aus eigener Schuld. Nun lebt er in einer Welt, die geprägt ist vom Getrennt-Sein von Gott und vom Tod. Diese Wirklichkeit wird nicht moralisiert, sondern in symbolischen Erzählungen beschrieben, die über das Sein des Menschen und so auch über die Gegenwart des Lesers sprechen. Mühsal, Schmerz und Leid gehören wesentlich zum Leben. Leid ist nicht einfach überwindbar, sondern gehört existenziell und strukturell zum Leben dazu. Mit dem Auftrag, sein Leben und die Welt zu gestalten, lebt der Mensch in dieser Welt.

Für die Seelsorge mit Trauernden bedeutet dies, dass der Seelsorger weiß, dass Leid und Schmerz zum Leben dazugehören und er nicht gegen diese Tatsache ankämpfen muss. Er muss die Trauer nicht »lösen« und die Ursachen für die Trauer nicht aufheben. Seine Aufgabe ist, dabei mitzuhelfen, dass ein Raum entsteht, in dem die Trauer eine angemessene und hilfreiche Reaktion auf einen Verlust sein darf. Für den Seelsorger ist dies eine große Herausforderung, denn er muss den Impuls und die Versuchung, zu agieren, hinter sich lassen und Ohnmacht und Hilflosigkeit mit aushalten und teilen.

Eine Seelsorgerin erzählt, dass sie lange Zeit große Scheu und Furcht vor Trauergesprächen hatte. Die Trauer der Hinterbliebenen steckt sie an und macht sie selbst schwer und auch der Schmerz, die Ohnmacht und die Unumkehrbarkeit und Unveränderbarkeit des Todes machen sie schwermütig und lähmen sie. Sie sehnt sich nach einer heilsamen Distanz, denn rational weiß sie natürlich, dass sie vom Leid der Trauernden persönlich nicht betroffen ist. In einer Supervision spricht sie lange über den Gedanken, dass Leiden und Schmerz zum Leben dazugehören und sie lernt, diesen Gedanken nicht nur als theologische Phrase zu benutzen, sondern ihn als Wirklichkeit in ihren Glauben und ihre Lebenshaltung einzulassen. Die Welt ist nicht heil. Leiden und Sinnlosigkeit gehören in die Welt. Als sie diese Wirklichkeit in sich und ihrem Glauben zulassen kann, spürt sie Erleichterung und kann Gelassenheit und Leichtigkeit mit in die Trauerseelsorge nehmen. Die Distanz, die zur seelsorglichen Begegnung gehört, hat sie so gewonnen.

Von Pierre Stutz stammt der Gedanke: Ein spiritueller Mensch nimmt die Welt so wahr, wie sie ist, ohne zu bewerten, und entdeckt in ihr die Spur Gottes.

Gott offenbart sich in seinem Namen: Jahwe »Ich-bin-da« (Exodus 3, 1 ff.)

Am Anfang des zweiten Buches Mose (Buch Exodus) wird erzählt, wie sich die Stellung des Volkes Israel in Ägypten durch die Regentschaft eines neuen Pharaos wandelt und die Israeliten in Unterdrückung und Sklaverei geraten. Mose wird von Gott berufen, sein Volk aus der Knechtschaft in Ägypten in die Freiheit und Selbstständigkeit zu führen. In der Erzählung von der Berufung des Mose, der Dornbusch-Erzählung, sagt Gott zu Mose: »Ich habe das Elend meines Volkes in Ägypten gesehen; und ihr Geschrei über ihre Bedränger habe ich gehört; ich habe ihre Leiden erkannt« (Ex 3, 7; Lutherübersetzung, 2017). An dieser Stelle kommen explizit das Leid und die Bedrängnis der Israeliten in den Blick. Gott positioniert sich auf der Seite der Leidenden und sagt ihnen Hilfe zu. Er zeigt sich als Gott, dem das Elend von Menschen wichtig ist.

In den darauffolgenden Versen offenbart Gott Mose seinen Namen, das sogenannte Tetragramm, יהוה (Ex 3, 14). Das Tetragramm besteht aus vier hebräischen Konsonanten, die auf das hebräische Verb »Sein« verweisen und präsentisch, in der Vergangenheitsform und im Futur übersetzt werden können: Ich bin da. Ich war da. Ich werde da sein. Luther übersetzt: »Ich werde sein, der ich sein werde.« Die Einheitsübersetzung übersetzt: »Ich bin der ›Ich-bin-da‹.« Die Elberfelder-Übersetzung übersetzt: »Ich bin, der ich bin.« Die Bibel in gerechter Sprache übersetzt: »ICH-BIN-DA.« Gott zeigt sich als Gott, der bei den Menschen bleibt und sie begleitet, was immer auch geschieht.

In der Trauerseelsorge ist es die Aufgabe des Seelsorgers, für die Trauernden zu hoffen und die Hoffnung, dass Gott da ist und sie nicht allein sind, mit in die seelsorgliche Begegnung zu nehmen. Allein schon die Gegenwart des Seelsorgers vermittelt die Präsenz und Zuwendung Gottes.

Der Name zeigt, dass die Präsenz Gottes Raum und Zeit übersteigt. Im Hinblick auf Trauernde ist dies besonders wichtig, weil Trauernde sowohl in der Vergangenheit als auch in der Gegenwart leben und die Zukunft eher scheuen und als verschlossen empfinden. In ihren Erinnerungen leben Trauernde in der Vergangenheit. So sind sie eng mit dem Verstorbenen verbunden. In der Trauer, im Verlustempfinden, im Schmerz und im Leiden leben sie in der Gegenwart. Gegenwart bedeutet für Trauernde, immer wieder zu realisieren, dass der Andere fehlt. Zukunft ist für Trauernde mit Angst besetzt, sie ist undenkbar und nicht fühlbar. Zugleich bleibt die Aufgabe, den Weg in die Zukunft und ins eigene Leben ohne die reale Präsenz des Verstorbenen zu finden und ihn zugleich als Verstorbenen ins eigene Leben zu integrieren und die Beziehung zu ihm als Verstorbenen zu leben. Für diesen schweren Weg findet sich in der Exodus-Geschichte das Bild von der Wolken- und Feuersäule, die das Volk Israel begleitet. »Und der Herr zog vor ihnen her, am Tage in einer Wolkensäule, um sie auf den rechten Weg zu führen, und bei Nacht in einer Feuersäule, um ihnen zu leuchten, damit sie Tag und Nacht wandern konnten« (Ex 13, 21; Lutherübersetzung, 2017). Für die Seelsorge mit Trauernden bedeutet dies, dass die Seelsorge selbst solch eine Wolken- und Feuersäule sein und sie mit dem Trauernden zusammen ähnliche heilsame Bilder entwickeln kann, die ihn auf seinem Weg unterstützen und leiten.

Der Name Gottes transzendiert aber nicht nur die Zeit der Trauernden, sondern auch ihren Raum. Wenn Gott da ist, ist er überall da. Er ist beim Trauernden und beim Verstorbenen. Er ist in der Welt der Lebenden und in der Welt der Toten. Er verbindet beide Welten und schafft neue Welten. An Allerheiligen feiert die katholische Kirche und am Ewigkeits- oder Totensonntag feiert die evangelische Kirche die Gemeinschaft der Heiligen als Gemeinschaft der Lebenden und der Toten. »Führe ich gen

Himmel, so bist du da; bettete ich mich bei den Toten, siehe, so bist du auch da« (Ps 139, 8; Lutherübersetzung, 2017).

Eine Mitarbeiterin eines kleinen Betriebs begeht Suizid. Die Chefin des Betriebs spricht eine Seelsorgerin an mit der Bitte, in den Betrieb zu kommen und mit den Mitarbeiterinnen über die Trauer zu sprechen. Bei dem Treffen sprechen Seelsorgerin und Mitarbeiterinnen über die Gefühle, die der Suizid ausgelöst hat, über Erinnerungen, über den Schock, Ängste und Verletzungen. Unvermittelt und ohne dass die Seelsorgerin theologische Inhalte angesprochen hätte, fragt eine Mitarbeiterin die Seelsorgerin, ob sie denn selbst glaube, wofür sie qua Amt stehe. Die Seelsorgerin antwortete, ja, sie glaube an die Auferstehung der Toten und die Fürsorge Gottes für die Trauernden, aber es sei gar nicht so wichtig, was sie glaube, sondern wichtiger sei, welche Sinnzuschreibungen die Mitarbeiterinnen für sich selbst hätten. Als besonders zeigte sich die Frage nach dem Ort der Verstorbenen: Wo, glaubten die Mitarbeiterinnen, dass die Tote jetzt sei? Sie sagten, sie glaubten, dass sie an einem Ort sei, wo sie keine Depressionen mehr habe, und dass die Verstorbene auf Reisen sei, unterwegs zu allen Orten, die sie jemals besuchen wollte.

Gott geht mit ins Exil (Jesaja 40 ff.)

In den prophetischen Texten des Alten Testaments wird das Volk Gottes, und hier werden besonders die Reichen und Mächtigen ermahnt, die Armen, Verachteten und Leidenden, die Witwen und Waisen nicht aus dem Blick zu verlieren. Die Machthaber und wirtschaftlich Starken werden zu Gerechtigkeit aufgerufen. Die Mächtigen und Reichen wähnen Gott auf ihrer Seite und sehen ihre Macht und ihren Reichtum als Beweis der Zuwendung Gottes. Dagegen haben die Propheten die Aufgabe, die Gerechtigkeit und Hinwendung zu den Armen öffentlich im Namen Gottes einzuklagen, und geraten deshalb in Konflikte mit den Herrschenden in Gesellschaft und Religion. Unter anderem als Konsequenz der Missachtung des Auftrages, Gerechtigkeit herzustellen und die Armen nicht sich selbst zu überlassen, muss das Volk Israel nach einem verlorenen Krieg 587 v. Chr. ins Exil nach Babylonien. Dort lebt es in der Fremde. Es hat nicht nur seine Heimat, sondern auch seine religiöse Identität verloren. Der Tempel in Jerusalem, Kern seiner religiösen Identität, ist zerstört. Die Israeliten müssen sich jetzt mit der Veränderung ihres Gottesbildes beschäftigen. Gott hat seine schützende Hand zurückgezogen und das Volk den Konsequenzen seines Handelns ausgesetzt.

»Tröstet, tröstet mein Volk, spricht euer Gott«, schreibt der Prophet Jesaja in dieser Zeit (Jes 40, 1; Lutherübersetzung, 2017). Das Volk, das in der Trauer um das Verlorene und in der Fremde lebt, bleibt auch dort nicht allein. Es ist nicht absehbar, wann die Zeit in der Fremde endet. In dieser Situation bleibt nur der Trost. Jesaja erinnert an den Gott, der auch in der Fremde erfahrbar ist. Er malt in vielen Hoffnungsbildern den Traum von der Heimkehr und die Verheißung einer neuen Zeit. Er hält damit die Erinnerungen an Jerusalem und das Verlorene wach und verbindet die Menschen miteinander im Glauben daran, dass das Leben wieder gut werden kann. Neue Seiten im Gottesbild werden beschrieben. Gott geht mit ins Exil, das ist ein neuer Gedanke im Alten Testament. Die Götter sind an ihr Land gebunden. Der Gott der Bibel bindet sich an die Menschen. Der Trost besteht in der Gewissheit, nicht allein zu sein, und im Vertrauen darauf, dass Gott und das Leben auf ihrer Seite sind.

Trauernde fühlen sich oft wie im Exil, von Menschen und von Gott allein gelassen, fern von dem, was ihnen das Wichtigste war, und manchmal geplagt von Schuldgefühlen. Sie stehen vor der Herausforderung, ihr Leben neu zu ordnen und ihre Identität neu zu finden. Sie müssen sich im Exil der Trauer zurechtfinden. Da helfen keine Beteuerungen, dass irgendwann eine

Änderung eintreten wird, sondern es braucht Trost. Der Trost besteht in der Gemeinschaft: im Vertrauen, dass Gott mitgeht, in der Gemeinschaft von Menschen und im gemeinsamen Erinnern und Erzählen. Langsam entsteht eine neue Identität, zu der auch ein verändertes Gottesbild gehört – ein Gottesbild, das Brüche und Identitätsverlust auffängt und einen neuen Sinnhorizont ermöglicht.

Eine junge Frau verliert ihren Ehemann durch einen plötzlichen Tod. Der Ehemann stirbt am Rand eines Fußballplatzes, wo er ein Fußballspiel beobachtete. Das Ehepaar hat zwei kleine Kinder, das eine Kind ist ein Jahr alt, das andere drei Jahre. Die Frau ist durch den Tod ihres Mannes vollkommen aus der Bahn geworfen. Plötzlich steht sie allein da und muss die Verantwortung allein tragen. Sie hadert mit Gott. Sie klagt ihn nicht an, sondern streicht ihn aus ihrem Leben. Sie geht nicht mehr in den Gottesdienst und betet nicht mehr. Nach ein paar Monaten spürt sie, dass diese Haltung ihr schadet und sie einen weiteren Halt verliert, wenn sie Gott aufgibt. Sie beginnt sich neu mit Gott zu beschäftigen, spricht mit anderen Menschen über ihre Erfahrung, sucht sich eine Seelsorgerin, die mit ihr ihr Gottesbild weitet, und spürt nach und nach, dass Gott in ihrem Leben anwesend ist und sie tröstet und hält.

Dieses Beispiel zeigt unter anderem, wie ein Mensch sein Gottesbild von Gott, dem Richtenden, Allmächtigen und alles Fügenden, zu Gott, dem Tröstenden, erweitert, ohne die ursprüngliche Vorstellung aufgeben zu müssen.

Neues Testament

Im Neuen Testament wird die Botschaft von der Zuwendung Gottes zu Menschen in Jesus Christus konkret. Jesus ist die gelebte Zuwendung Gottes zu Menschen. In seiner Botschaft und in seinen Taten erzählt er von der Treue Gottes und seiner Leidenschaft für Menschen. Bedürftige stellt er in den Mittelpunkt: Er heilt Kranke und wendet sich Menschen zu, die aus der Gemeinschaft herausgefallen sind, und holt sie in seine Gemeinschaft hinein.

Die Bergpredigt Jesu

In der Bergpredigt des Matthäusevangeliums werden Trauernde explizit genannt: »Selig die Trauernden, denn sie werden getröstet werden« (Mt 5, 4; Bibel in gerechter Sprache). Das griechische Verb πενθέω (penthéo) bedeutet: klagen, trauern, Leid tragen. Trauernde Menschen werden selig gesprochen, nicht weil sie Leid tragen, sondern weil sie offen für eine andere Wirklichkeit sind, Sehnsucht nach ihr haben und sich nach ihr ausrichten. Trauernde sind Menschen, die eine Sehnsucht haben, die über die Welt hinausträgt. Weil sie sich tief nach Trost sehnen und ihn zutiefst brauchen, sollen sie getröstet werden. Wer einen Menschen verloren hat, geht nicht in der Wirklichkeit der Welt auf. Er ist bezogen auf das, was Zeit und Raum transzendiert, und er weiß, dass dies ebenso wirklich ist. Die Verbundenheit mit den Menschen, die mit uns gelebt haben, bleibt und findet ihren Ort in Gott.

Handeln/Heilung

»Was soll ich für dich tun?« (Lk 18, 41; Bibel in gerechter Sprache), fragt Jesus einen blinden Menschen, der ihn bittet, sich seiner zu erbarmen. Jesus lindert nicht einfach die Not, sondern fragt nach dem Menschen selbst und seinem konkreten

Bedürfnis. Er lässt ihm seine Autonomie und Entscheidungsfreiheit. Er nimmt ihn in seiner Individualität ernst und bringt ihn in Kontakt mit sich selbst. Dies schafft die Voraussetzung für die Heilung.

In der Trauerbegleitung steht der individuelle Mensch mit seiner großen Not im Mittelpunkt. Die eigene Lebens- und Trauergeschichte erzählen, sich selbst verstehen, gesehen werden im Schmerz und in der Sehnsucht nach Heilung – dies sind die Grundelemente für eine Wandlung in der Trauer.

Ein Mann erzählt, dass er eine sehr schwere, von Gewalt und Vernachlässigung geprägte Kindheit gehabt habe. Sein Elend beginnt, als er sechs Jahre alt ist und sein Großvater, der ihm bis dahin Schutz und Halt gibt, verstirbt. Danach ist er den anderen Familienmitgliedern, die ihn quälen und misshandeln, schutzlos ausgeliefert. Vor der Wiederholung von Gewalt und vor Selbstverachtung habe ihn ein Lehrer gerettet, der einmal zu ihm gesagt habe, er solle sich anderen Menschen zuwenden und seine Kraft darauf richten, anderen Menschen zu begegnen und sie gut zu behandeln. »Tue Gutes«, zitiert der Mann den Lehrer. In seinen beiden Berufen als Gärtner und Hausmeister an einer Schule kommt dieser Mann zu sich selbst und findet ein erfülltes Leben. Beide, der Großvater mit seiner Liebe zur Natur und der Lehrer mit seinem Rat, haben den Weg zum Innersten dieses Mannes gefunden und ihm so geholfen, ein gutes Leben zu führen, jenseits seiner Kindheitserfahrungen.

Die Begegnungen Jesu mit Leidenden erzählen vom Reich Gottes. Im Hier und Jetzt können Menschen das Heil und die konkrete Zuwendung Gottes erfahren, die sich im Reich Gottes vollenden werden.

Im Hier und Jetzt der Begleitung können trauernde Menschen erfahren, dass sie nicht allein sind, sondern aufgefangen werden von Menschen, die sie ernst nehmen und sie wieder hineinholen in die Gemeinschaft mit anderen Menschen.

Werke der Barmherzigkeit

Den Auftrag, sich Menschen heilsam zuzuwenden, gibt Jesus an seine Nachfolger weiter. »Was ihr getan habt einem von diesen meinen geringsten Brüdern, das habt ihr mir getan« (Mt 25, 40b; Lutherübersetzung, 2017). Aus dem 25. Kapitel des Matthäusevangeliums, der Endzeitrede Jesu, wurden in der christlichen Tradition die Werke der Barmherzigkeit abgeleitet. Tote zu bestatten gehört zu den leiblichen Werken der Barmherzigkeit, Trauernde zu trösten und für Lebende und Verstorbene zu beten gehört zu den geistlichen Werken der Barmherzigkeit.

Das hebräische Wort für Erbarmen heißt רַחַם (»racham«), was auch »Mutterschoß« bedeutet. Im Deutschen (»Barmherzigkeit«) und Lateinischen (»misericordia«) steht das Herz als Symbol für die helfende Zuwendung zum Anderen. Sich jemandem zuwenden wie eine Mutter sich ihrem Kind zuwendet oder sich jemanden ans Herz legen impliziert eine besonders innige Beziehung zum Anderen. Verstorbene und Trauernde gehören in der christlichen Tradition zu jenen Menschen, die sich die Gemeinde besonders ans Herz legt. Zu den Riten, die trauernde Menschen in ihrer Trauer unterstützen und begleiten, gehören das gemeinsame Gebet für den Verstorbenen, die Beerdigungsgottesdienste, die Gottesdienste an den entsprechenden Tagen wie das Sechs-Wochen-Amt, der Gottesdienst am Jahrestag des Todes, die Rosenkranzgebete der Gemeinde und anderes. Trauernde hatten einen besonderen Platz in der Gemeinde und waren auch an ihrer Kleidung zu erkennen.

Ein Kind begleitet von klein auf seine Eltern in Gedenkgottesdienste eines Hospizdienstes für Trauernde. In den Gottesdiensten werden unter anderem auch Lieder gesungen, so das Taizé-

Lied »Bei Gott bin ich geborgen still, wie ein Kind, bei dir ist Trost und Heil, ja, hin zu Gott verzehrt sich meine Seele, kehrt in Frieden ein«. Dieses Lied, das die Barmherzigkeit Gottes und die Geborgenheit in Gott besingt, hat das Kind so in sich aufgenommen, dass es seitdem das Lied immer summt und singt, wenn es ihm schlecht geht und traurig ist.

Kreuz und Auferstehung Jesu

Die konsequente Hinwendung Jesu zu Menschen bringt ihn in Konflikte mit den Herrschenden. Jesu Botschaft und sein Tun sind radikal und verändern die Werte der Gesellschaft seiner Zeit. Er setzt auf einen anderen Umgang mit Menschen und entlarvt die Heuchelei der religiösen Führer und den Egoismus der Herrschenden.

Auf Gottes Treue zu vertrauen, Gottes Weisungen in den Mittelpunkt zu stellen und damit auch die Menschen, die aus der Gesellschaft gefallen sind, ist gefährlich. Das ist eine Botschaft aus einer anderen Welt und von einer anderen Welt, denn in unserer realen Welt sind nicht die selig, die Leid tragen, sondern, die, die von Leid verschont bleiben oder Leid überwunden haben.

Jesus kommt durch sein Handeln und Reden selbst in Not und Bedrängnis. Es führt ihn ans Kreuz. Das Zentrum des christlichen Glaubens ist, dass Jesus leidet und am Kreuz stirbt, Gott ihn jedoch nicht im Tod belässt, sondern ihn auferweckt zu neuem Leben.

Diese Glaubenswahrheit lässt das menschliche Leben in einem neuen Licht erscheinen. Die Auferstehung Jesu ermöglicht einen neuen Blick auf unsere Wirklichkeit. Schmerz, Ohnmacht, Leid und Tod werden in ihrer Realität und als Teil des Lebens anerkannt, aber sie sind nicht mehr absolut, sondern durch die Auferstehung in Gott aufgehoben und verwandelt.

Für Seelsorge und Trauerbegleitung heißt dies: Ohnmacht, Trauer, Schmerz, Leid und Tod können im Vertrauen auf Gott, der uns durch diese Zeiten begleitet, verwandelt werden in neues Leben.

An einer Trauergruppe nehmen verschiedene Frauen und Männer in unterschiedlichen Stadien ihrer Trauer teil. Bei manchen liegt der Verlust nur kurze Zeit zurück, bei anderen ist die Verlusterfahrung schon länger her. Die Teilnehmerinnen und Teilnehmer brauchen viel Zeit, um über ihre Trauererfahrungen zu sprechen. Die Seelsorgerin, die die Trauergruppe leitet, verliert zwischenzeitlich die Orientierung, wohin die Gruppe führt und ob sich überhaupt etwas in der Trauer der Teilnehmerinnen und Teilnehmern verändert. Alle halten die Trauer und die Traurigkeit sehr lange aus.

Eines Tages entdeckt eine Teilnehmerin an einer Hand einer anderen Teilnehmerin einen besonderen Ring. Sie fragt, was der Ring bedeute. Die Ringträgerin hat vor einigen Jahren ihren Mann verloren. Der Ring, den sie trägt, ist aus ihrem eigenen Ehering und dem ihres verstorbenen Mannes geschmiedet. Bei der Frau, der der Ring aufgefallen ist, ist die Verlusterfahrung hingegen noch ganz frisch, denn ihr Mann ist erst vor wenigen Monaten verstorben. Die Besitzerin des Ringes erklärt ihr, dass sie mit diesem Ring ein Stück ihres Mannes immer bei sich trage. Einige Wochen später kommt die Frau, die ihren Mann noch nicht lang verloren hat, in die Gruppe und zeigt stolz ihre linke Hand mit einem neuen Ring. »Sieh mal!«, ruft sie der Frau zu, von der sie die Anregung übernommen hat. »Jetzt habe ich auch so einen Ring.«

Die Frau mit der schon weiter zurückliegenden Verlusterfahrung zeigt in den Gesprächen und beim Malen von Bildern, dass ihr verstorbener Mann zu einem Gegenüber geworden ist. Er hat einen begrenzten Platz in ihrem Leben und ist so Teil ihres Lebens, aber die Trauer ist nicht mehr das einzige, alles überwältigende Gefühl.

An diesem Beispiel wird deutlich, wie wichtig es ist, dass Trauernde miteinander reden und Gesellschaft haben und sich durch die Gemeinschaft etwas verändert, weil sich die Perspektive der Einzelnen durch die Perspektive der Anderen erweitert. Die Frau, deren Verlusterfahrung noch nicht weit zurücklag, hat von der anderen Frau eine Anregung, wie ihr Mann bei ihr präsent sein kann, bekommen und angenommen.

Ostergeschichten

Wie weit der Weg einer Veränderung sein kann, erzählen die Begegnungen der Jünger mit dem Auferstandenen. In allen Erscheinungen nach seiner Auferstehung erkennen sie Jesus anfangs nicht. Sie sind in ihrer Trauer gefangen, brauchen Zeit, sitzen beieinander, suchen ihn, klagen und weinen. Daher muss sich Jesus zu erkennen geben. Er spricht Maria Magdalena mit ihrem Namen an, er hört den Jüngern von Emmaus zu und gibt sich im Brotbrechen zu erkennen. Er lässt Thomas die Finger in seine Wunden legen. Im gemeinsamen Erinnern und in vertrauten Zeichen erfahren sie, dass Jesus lebt und auf neue und veränderte Weise bei ihnen ist.

In diesen Geschichten wird Trauerarbeit beschrieben: der Weg von der absoluten Verzweiflung hin zu einer verwandelten Beziehung, in der ungeheuer viel Kraft steckt. Die Jünger finden ins Leben zurück und tragen das, was sie mit Jesus erlebt haben, als Schatz mit sich und geben es an andere Menschen weiter.

Am Tag vor seinem plötzlichen, unerwarteten Tod durch einen Herzinfarkt lädt ein Mann seine Frau zu einem Sonntagsausflug ein. Er geht mit ihr vertraute Wege, zum Beispiel an den Rhein, besucht mit ihr Orte, wo sie sich gemeinsam wohlgefühlt haben, geht mit ihr in ein Café, das für ihre Beziehung eine große Bedeutung hat, und begegnet seinen drei fast erwachsenen Söhnen. Zu dem Ausflug gehört auch der gewohnte Gang zum Friedhof, um die Gräber der Eltern zu besuchen. Am Abend zeigt der Mann seiner Frau, welche Stelle er im Friedhof für sich ausgewählt hat, und sagt zu ihr: »Hier will ich mal liegen. Hier hat man so eine schöne Aussicht.« In der darauffolgenden Nacht stirbt er.

Für seine Frau ist dieser Sonntag der größte Trost in ihrer unermesslichen Trauer. Durch den liebevollen Umgang des Mannes mit ihr und den wie um das Kommende wissend wirkenden Abschied gewinnt die Frau das Gefühl, dass das sinnlose Geschehen einen Sinn besitzt. Durch ihre Frömmigkeit und Verbundenheit mit Christus ist sie offen für die Erfahrung, im Tod ihres Mannes schon die Hoffnung auf Auferstehung zu entdecken.

3 Grundlagen der Seelsorge

Grundsätzliche Bedeutung von Seelsorge

Seelsorge wird an vorderster Stelle genannt, wenn Menschen nach ihren Erwartungen an Kirchen gefragt werden. Seelsorge wird auch von Religion und Kirche fernstehenden Menschen als zentrale Aufgabe der Kirchen empfunden und benannt. Zu den Erwartungen an Seelsorge gehört, dass sie frei angeboten wird und für jeden Menschen unabhängig von seiner Religions- und Konfessionszugehörigkeit zugänglich ist. Daraus kann man schließen, dass viele Menschen noch eine Vorstellung davon haben, was Seelsorge ist oder sein könnte, um die Bedeutung und Wirksamkeit wissen und Seelsorge für eine Kernaufgabe von Kirchen halten. (Interessant ist, dass eine der Haupterwartungen an Kirchen eine Aufgabe jenseits des politischen Engagements und jenseits des öffentlichen und öffentlichkeitswirksamen Auftretens von Kirchen ist.) Die Erwartungen könnte man so deuten, dass Seelsorge von Menschen als wichtige Antwort auf die postmoderne Herausforderung empfunden wird, das eigene Leben angesichts des Verlusts tragender Traditionen und Gemeinschaftsformen zu entwerfen, zu gestalten und sich selbst stets weiterzuentwickeln und zu optimieren. Der Soziologe Heiner Keupp zitiert seinen Kollegen Zygmunt Bauman mit dem Begriff der »fluiden Gesellschaft« und nennt Stichworte wie »disembedding« (Verlust von Beheimatung) und Enttraditionalisierung. Das Leben in der Postmoderne ist von einer starken Individualisierung und Pluralisierung geprägt, die Zahl der Lebensformen vermehrt sich ungemein und damit auch die Anstrengung der Suche nach Identität (Keupp, 2002, S. 3).

Nach Keupp ist Identitätsarbeit zur Alltagsarbeit geworden. Seelsorge widmet sich der Identität von Menschen, ihrer Auseinandersetzung mit sich selbst, ihrer Lebensgeschichte und ihrem Sein vor Gott. Mit ihrer Hinwendung zur Arbeit an der Identität des Menschen und mit ihrem Bezug zur Transzendenz hat Seelsorge zwei starke Anknüpfungspunkte an die Bedürftigkeit gegenwärtiger Menschen. Sie ist ein Raum der Unterbrechung, des Innehaltens, des Wahrnehmens und der Reflexion, weil sie keinen Veränderungsauftrag hat und keiner Funktionalisierung dient. Als Raum der Unterbrechung und Wahrnehmung, aus dem Veränderung folgen *kann,* aber nicht *muss,* bildet sie einen Gegenpol zum Veränderungsmodus und -duktus der Postmoderne und wirkt als solcher anziehend auf Menschen. Mit ihrem Bezug zu Gott und Transzendenz kann sie die individualisierten Bedürfnisse von Menschen aufnehmen und resonieren.

Zur Haltung des Seelsorgers

Liebevoll und wahrhaftig

Die Haltung des Seelsorgers lässt sich mit Worten wie »liebevoll«, »barmherzig«, »gütig«, »freundlich«, »wahrhaftig«, »treu« und »tröstend« beschreiben. Gemeinsam mit dem Anderen steht der Seelsorger vor Gott und beide dürfen sich als Gottes Kinder begreifen. Vor Gott hat der Seelsorger keinen Vorsprung. Allerdings gibt es einen Unterschied im Auftrag. Die Asymmetrie in der Seelsorge liegt in der Verantwortung für die Begegnung. Der Seelsorger schafft den Rahmen und hat einen Auftrag von seiner Kirche. Er hat eine spezielle Ausbildung. Der, der Seelsorge wahrnimmt, hat diese Verantwortung nicht und kann sich vertrauensvoll ins seelsorgliche Geschehen begeben.

»Wertschätzend« und »akzeptierend« sind Begriffe aus der systemischen Familientherapie und der humanistischen Psychologie und transportieren immer deren theoretischen Hintergrund mit. Im christlichen Kontext ist eine andere Sprache angemessen, weil Wertschätzung und Akzeptanz nicht allein auf menschliches Handeln und menschliche Haltung bezogen, sondern eingebunden sind in den Glauben, dass jeder Mensch ein Kind Gottes ist und von ihm geliebt wird.

Gotteskindschaft

Die Vorstellung von der Gotteskindschaft entlastet den Seelsorger, weil sie ihm seine Begrenzung zu bejahen hilft. Der Seelsorger muss nicht alle Menschen lieben, das macht Gott. Er muss nicht das Heil schaffen, das macht Gott. So schützt die Haltung der Gotteskindschaft vor Überforderung und Allmachtsphantasien. Der Seelsorger hat die begrenzte Aufgabe, mit *diesem* Menschen in eine seelsorgliche Beziehung zu gehen und damit Gott ins Spiel zu bringen.

Unverfügbarkeit

Zur Haltung des Seelsorgers gehört das Wissen um die Unverfügbarkeit der Wirklichkeit Gottes und der Wirklichkeit des Gegenübers. Beziehung kann sich ereignen oder nicht. Der Seelsorger hat es weder in der Hand, dass die seelsorgliche Beziehung glückt, noch dass Gott gegenwärtig und spürbar wird. Seelsorge öffnet sich dem Beziehungsgeschehen, kann es aber nicht herstellen.

Psychologisch gesprochen kann der Seelsorger seine Interventionen setzen, aber ob sie wirken und was das Gegenüber daraus macht, liegt nicht in seiner Hand.

Demut

Zur Unverfügbarkeit der Beziehung gehört die Haltung der Demut. Wenn der Seelsorger mit der Haltung von Demut in die seelsorgliche Begegnung geht, ist er offen für das Geschehen und den Prozess – geht er jedoch mit der Haltung des Helfen-Wollens in die Begegnung, will er etwas verändern und ist zielgerichtet und nicht mehr offen für das, was sich jenseits seiner Zielrichtung ereignet. Zur Demut gehört nicht nur semantisch, sondern auch in Wirklichkeit, in der Haltung und im Einlassen auf den Prozess *Mut*.

Gebet

Zum Wissen um die Unverfügbarkeit gehört die Praxis des Gebets. Der Seelsorger kann nach der seelsorglichen Begegnung den Anderen Gott ans Herz legen und während der Begegnung gemeinsam mit dem Gegenüber dessen Not vor Gott bringen.

Sich Wertungen bewusst machen

»Ich werte nicht!« ist ein Satz, den man im seelsorglichen (und auch im therapeutischen) Feld nicht selten hört. Damit sind eine Haltung der Neutralität sowie die Wirklichkeit eines wertfreien Settings und wertfreier Akzeptanz des Anderen gemeint. Die Haltung des Nicht-Wertens ist eine Illusion. Jeder Mensch wertet in Begegnungen und auch der Seelsorger wertet in der seelsorglichen Begegnung. Wichtig ist, dass der Seelsorger sich seine Wertungen bewusst macht und sie dann, nachdem er sie sich bewusst gemacht hat, im Sinne der Begegnung mit dem Anderen ablegt und so einen Raum ermöglicht, in dem sich der Andere so angenommen fühlen kann, wie er ist, und freundlich angesehen und liebevoll behandelt wird. Die Haltung »Ich werte nicht!« verunmöglicht die Entstehung solch eines Raumes, weil sie Wertungen negiert und unterdrückt und ihnen so ermöglicht, unbewusst in der Beziehung zu wirken. Jedes Gefühl beinhaltet eine Wertung. Es macht keinen Sinn, ein Gefühl zu unterdrücken. Sinn macht, das Gefühl zuzulassen und anzusehen und, wenn es um einen professionellen Kontext wie Seelsorge geht, möglicherweise auch mit ihm zu arbeiten. Dazu folgen weiter unten noch einige Bemerkungen.

Vertrauen in Ressourcen

Zur Haltung des Seelsorgers gehört es, zu wissen, dass die Kompetenzen, das Leben zu gestalten und mit Krisen umzugehen und sie zu überwinden, im Gegenüber vorhanden sind. Der Seelsorger bringt nicht das Heil, sondern hebt gemeinsam mit dem Gegenüber dessen Schätze aus seiner Lebensgeschichte, Lebenserfahrung und Glaubensgeschichte. Der Seelsorger weiß nicht, was gut für den Anderen ist, sondern unterstützt ihn, seinen eigenen Weg zu finden und zu gehen. Gerade in der Trauerseelsorge ist dies besonders wichtig, weil jeder Mensch auf seine eigene Art und Weise trauert und das Ziel der Trauerbegleitung darin besteht, den Trauernden zu befähigen, sein eigenes Leben zu gestalten und zu leben. Seelsorge ist dem Gegenüber eine Hilfe, sich selbst zu verstehen und die eigenen Kraftquellen zu entdecken und zu nutzen. Im Johannesevangelium (Joh 5, 1ff.) wird erzählt, dass Jesus einem gelähmten Mann begegnet, der am Teich von Betesda sitzt und wartet, dass die Heilkraft sich ins Wasser senkt. Wer als Erster ins Wasser hineinsteigt, wird gesund. Da sich der Gelähmte nicht selbst bewegen kann, muss er andere fragen, ob sie ihn tragen, was stets dazu führt, dass andere schneller zum Wasser kommen. Jesus aber trägt ihn nicht, sondern sagt zu ihm: »Steh auf, hebe deine Liege hoch und geh umher!« (Joh 5, 7; Bibel in gerechter Sprache). Jesus spricht den Gelähmten auf sein Bedürfnis an (»Willst du gesund werden?«; Joh 5, 6) und holt ihn mit der Aufforderung, aufzustehen und zu gehen, aus seiner Passivität und Abhängigkeit von anderen heraus.

Barmherzig zu sich selbst sein
Die Barmherzigkeit Gottes gilt auch für den Seelsorger. Wie sich Gott barmherzig dem Gegenüber in der Seelsorge zuwendet, so tut er das auch gegenüber dem Seelsorger. Dies darf der Seelsorger in seiner Haltung wahrnehmen und annehmen. Er darf den Drang zur Perfektion aufgeben und auf sich selbst und seine Bedürfnisse und Grenzen achten. Er darf sich Zeiten gönnen, in denen er die Barmherzigkeit Gottes spürt und genießt, und darf die Unverfügbarkeit von Seelsorge auch an sich selbst zulassen. Er darf vertrauen, dass seine seelsorgliche Arbeit von Gott getragen und eingeordnet in die größere Wirklichkeit Gottes ist.

Die Begriffe »Selbstsorge« und »work life balance« gehören in diesen Zusammenhang. Beide Begriffe haben die Tendenz zur Verzweckung. Einerseits dienen sie der Erhaltung der Arbeitskraft mit der Gefahr, dass es nicht mehr um den Menschen, sondern nur noch um die Arbeitskraft geht. Andererseits verschaffen sie – gerade im oft offen gestalteten Arbeitsfeld der Seelsorge – einen großen Deutungs- und Spielraum. Selbstsorge bedeutet nicht, Trauernde sich selbst zu überlassen, dem Schmerz in der Trauerseelsorge auszuweichen oder Tod und Trauer durch religiöse Formeln zu banalisieren, und sei es nur in Gedanken. Zum Begriff der Selbstsorge, der aus der säkularen Ethik kommt, ist stets ein anderer Begriff aus der Ethik mit zu denken, nämlich der Begriff der Pflicht und des Pflichtbewusstseins aus der Ethik Immanuel Kants.

Wenn man von der Barmherzigkeit Gottes spricht, die der Seelsorger auch an sich selbst erleben darf, wird die Verbundenheit mit anderen Menschen und mit der Schöpfung mitgedacht.

Verantwortlichkeit
Die seelsorgliche Beziehung ist eine asymmetrische Beziehung, das heißt, dass sich das Gegenüber in seiner Verletzlichkeit, Bedürftigkeit und seinen inneren Anliegen der Fürsorge des

Seelsorgers anvertraut. Das Gegenüber muss vor Missbrauch im Sinne der Manipulation, der Ausnutzung, der Spielerei, des Dilettantismus und anderem geschützt werden. Missbrauch kann körperlicher, seelischer und geistlicher Art sein. Der Seelsorger sollte sich stets Rechenschaft geben über seine Motive für die Begegnung und sein Reden und Handeln in der Begegnung. Er muss sich über seine Motive Klarheit verschaffen und hat auch die Möglichkeit, die Seelsorge abzugeben.

Seelsorge als Beziehungsgeschehen

Seelsorge schafft Raum

Seelsorge bedeutet Sorge um den ganzen Menschen als Einheit von Körper, Seele und Geist. Wird das Gegenüber in der Seelsorge in seinem Sein wahrgenommen, kann eine Veränderung möglich und initiiert werden. Durch die Zuwendung entsteht ein Raum, in dem das Gegenüber seine Gefühle und Gedanken aussprechen, wahrnehmen und leben kann; und durch den Ausdruck des eigenen Erlebens entsteht Distanz zum eigenen Erleben und zur eigenen Person. Der Andere kann manche Erfahrungen neu sehen und manche Deutungen verändern. So können sich die Wahrnehmung seiner selbst, die Gefühlswelt, das Verhältnis zum Sinngrund und die Wahrnehmung des eigenen Körpers wandeln. In der Begegnung in der Trauerseelsorge sehen Trauernde oft über ihren Schmerz hinaus und die reichhaltige Beziehung zum Verstorbenen wird in ihren vielen Facetten lebendig. Es wird möglich, zu lachen und zu weinen, sich an Gewesenem und Vergangenem zu freuen und dankbar zu sein. Der Trauerschmerz wird zwar nicht aufgelöst, aber andere Gefühle stellen sich neben den Trauerschmerz.

Die Person des Seelsorgers als Werkzeug
Die Eigentümlichkeit und Besonderheit der Rolle des Seelsorgers besteht darin, dass er Teil des Beziehungsgeschehens ist und seine eigene Person eine große Rolle im Kontakt spielt. Im Unterschied zu anderen Fachleuten bringt der Seelsorger keine psychotherapeutische Methode, kein technisches Instrumentarium, kein therapeutisches Ziel, keine bestimmte Antwort auf bestimmte Fragen, kein Diagnoseraster und keine Internationale statistische Klassifikation der Krankheiten und verwandter Gesundheitsprobleme in die Begegnung mit. Der Seelsorger geht frei in die seelsorgliche Begegnung, weil es in der Seelsorge um die Ganzheitlichkeit des Menschen geht. Da der Seelsorger keine eigene Methodik, sondern nur seine Person zur Verfügung hat, muss er lernen, die Beziehung zu gestalten, indem er Beziehung zu sich selbst aufnimmt. Dies geschieht, indem er für sich selbst klärt, welche Glaubenserfahrungen und Lebensgeschichte er in die Begegnung mitbringt. Hier ist vor allem die eigene Vulnerabilität von Bedeutung, weil er in der eigenen Verletzlichkeit schnell zur Abwehr tendiert und die eigene Verletzlichkeit zugleich eine wunderbare Kontaktstelle zum Gegenüber bedeutet. Der Seelsorger hat die Aufgabe, seine eigene Persönlichkeitsstruktur (vgl. z. B. König, 2005) anzusehen und wahrzunehmen, wie sie sein Leben und die Art bestimmt, wie er in Begegnungen geht und sie gestaltet. Es ist ein Unterschied, ob ein Seelsorger in seiner Persönlichkeitsstruktur eher zu Fürsorglichkeit neigt oder eher zu Abgrenzung, eher zu Beständigkeit oder eher zu Wandel.

Zusammenfassend kann man sagen: Die zentrale Aufgabe des Seelsorgers besteht in der stetigen Schulung seiner Reflexionsfähigkeit. Der Theologe Søren Kierkegaard, der das existenzielle Berührtwerden von Glaubensaussagen als Mitte des Glaubens beschreibt, sagt, »dass ›nur einer, der sich in unaufhörlichen Selbstgesprächen um seine eigene Seele sorgt und im Glauben Ruhe gefunden hat für seine Seele‹, auch Seelsorger an anderen werden kann« (das Zitat und die Ergänzung des Zitats stammen aus Engemann, 2007, S. 108).

Intersubjektivität und Spiegelneuronen

Um das Beziehungsgeschehen in der Seelsorge zu beschreiben, soll an dieser Stelle auf die neurowissenschaftliche Theorie von den Spiegelneuronen und den intersubjektiven Ansatz in der Psychologie zurückgegriffen werden (vgl. Boeckh, 2008, S. 110 ff.). Spiegelneuronen bewirken, dass Menschen das Verhalten, die Gestik und die Mimik des Gegenübers ansatzweise imitieren und fühlen können, was der andere Mensch empfindet. Empathie hat ihre Grundlagen in dieser Hirnfunktion. Menschen erleben im Kontakt mit anderen ihre eigene Befindlichkeit und die Befindlichkeit des Anderen. Es gibt nicht das Ich oder das Du, sondern immer nur das Ich *und* das Du. In der Beziehung erlebt der Eine mit, was der Andere erlebt, und umgekehrt. So entsteht ein eigener Beziehungsraum zwischen eigenem Selbst und dem Selbst des Anderen. Im Selbstgefühl ist der Andere immer mit präsent. Die Erkenntnisse der Hirnforschung zeigen, dass Menschen a priori intersubjektiv sind. Das Selbst umfasst das Ich und den Anderen. Für die Seelsorge (und nicht nur für sie) bedeutet dies, dass die einfachen Kommunikationsmodelle nach dem Muster »Sender – Empfänger – Nachricht« nicht sinnvoll sind, sondern dass Kommunikation komplexer ist. Das Ich tritt in Kontakt zum Anderen und nimmt ihn bewusst und unbewusst wahr. Der Andere wird vom Ich erlebt und bleibt kein objektives Gegenüber, sondern wird Teil des Selbst. Mit dem, was das Ich erlebt, mit seinen Projektionen und Deutungen tritt es in Kontakt mit dem Du, das den gleichen Prozess von Empathie, Projektion und Interpretation durchläuft. Beide Personen sind in der Interaktion miteinander verschränkt. Boeckh schreibt, dass Kommunikation mit dem Eintauchen in ein gemeinsames Feld vergleichbar ist, einem Sich-aufeinander-Einstimmen (Boeckh, 2008, S. 112).

Diese Verschränkung ereignet sich auch im professionellen Kontext von Seelsorge. Der Seelsorger taucht in das Beziehungsfeld seines Gegenübers ein. Durch die Spiegelneuronen kann er empathisch und oft unbewusst sein Gegenüber »verstehen«, und ebenso geschieht dies von der Seite des Gegenübers aus. Für den Seelsorger ist wichtig, dass er um das energetische Feld weiß, das in der Begegnung entsteht. In der Beziehung und im Kontakt steht er stets vor der Aufgabe, die Verschränkungs- und Spiegelprozesse wahrzunehmen und zu sortieren und sich zu fragen, welche Motive des Beziehungsgeschehens zum Gegenüber und welche zu ihm selbst gehören. Er muss sich in der Begegnung stets die Frage nach dem Geschehen in der Begegnung stellen und einen analytischen Blick wahren. So hat der Seelsorger die Aufgabe, stets ein Stück weit neben sich selbst zu stehen und sich und die Art der Begegnung zu betrachten – gerade dies ist ein Motiv in der seelsorglichen Begegnung, das viel Konzentration, Präsenz und Kraft braucht. Der Seelsorger hat so einen paradoxen Status: Er geht als Person ganz in die Begegnung hinein und nimmt zugleich immer wieder den Status von Reflexion ein, die auf die Begegnung blickt.

Übertragung und Gegenübertragung

> »Es ist nicht gut, sich selbst nicht zu kennen.«
> (Sprüche 19,2; Bibel in gerechter Sprache)

Den Spiegelprozessen ähnlich ist das Phänomen der Übertragung. Übertragungen finden auf zweierlei Ebenen statt:

Zum einen prägen die Lebenserfahrungen von Menschen ihre Wahrnehmungsmuster und Reaktionen, so dass ein Mensch den anderen nicht als den wahrnimmt, der er ist, sondern als den, den er in ihm sieht. Er nimmt den Anderen durch seine Wahrnehmungs- und Deutungsmuster wahr. Dies kann Begegnung erleichtern und erschweren.

Eine Seelsorgerin kommt zu einer Sterbenden, die in ihrem Zimmer im Bett liegt. Die Begegnung fühlt sich von Beginn an gut an. Die Sterbende fühlt sich von der Seelsorgerin verstanden und getröstet. »Sie sind wie meine Tochter«, sagt die Sterbende zur Seelsorgerin.

Im Nachhinein entdeckt die Seelsorgerin, dass die Sterbende sie an ihre eigene Großmutter erinnert hat, die sie sehr geliebt hat.

Eine Seelsorgerin kommt in ein Krankenzimmer mit vier Patienten und stellt sich kurz vor. Sofort schleudern ihr alle Patienten ihre negativen Erfahrungen mit der Kirche entgegen. Die Seelsorgerin verspürt den Impuls, sofort das Zimmer wieder zu verlassen, den Patienten zu widersprechen und die Institution Kirche zu erklären oder zu verteidigen. Doch dann spürt sie, dass sie den Patienten eigentlich gar nicht widersprechen kann, sondern richtig findet, was sie sagen. Sie sagt zu ihnen: »Ich kann Ihnen da nicht groß widersprechen.« Damit ist sie in Beziehung gekommen.

Zum anderen bedeutet Übertragung ein Überschwappen der Gefühlsstimmungen, Haltungen, Lebensansichten, Affekte und anderem von einem Menschen auf den anderen.

Übertragungen (wie auch die von ihnen intendierten Gegenübertragungen) sind unvermeidbar. Sie finden in jeder Begegnung statt. Entscheidend ist, ob man sie sich bewusst machen kann oder mehr oder weniger unkontrolliert in ihrer Dynamik agiert. Verdrängung verstärkt die Gegenübertragung. Gegenübertragung ist eine Reaktion, die die Übertragung bestätigt und von ihr hervorgerufen wird. Ein Beispiel: Das Gegenüber spricht den Seelsorger, obgleich es ihn noch nie vorher getroffen hat, in der Übertragung als richtenden Vater an und der Seelsorger agiert dann auch als solcher in der Gegenübertragung, obgleich er diese Rolle eigentlich gar nicht gut findet.

Ein Seelsorger wird zu einer Patientin gerufen, die aufgrund einer Krebserkrankung gesagt bekommen hat, dass sie bald sterben wird, und darauf mit großer Trauer reagiert. Als er das Krankenzimmer betritt und in die Begegnung geht, trifft er auf eine sehr starke Patientin, die mit ihrem großem Vertrauen und Glauben mehr den Seelsorger tröstet als er sie.

In der Supervision bringt der Seelsorger seine Irritation über das Gespräch ein und entdeckt, dass er die Trauer der Patientin als Gesprächsthema vermieden hat, weil er sich selbst in einem Trauerprozess seine Ehe betreffend befindet. Er hat Angst, dass er es nicht schafft, für die Patientin als Gegenüber da zu sein, und in der Begegnung mit ihr in Tränen zu zerfließen. Im Gespräch mit der Patientin vermeidet er es, die Trauer der Patientin zu thematisieren, weil er nicht will, dass seine eigene Trauer Raum bekommt, wobei seine Trauer genau dadurch übergroßen Raum gewinnt. Die Patientin spürt die Vermeidung und im Prozess von Übertragung und Gegenübertragung kehren sich die Rollen von Seelsorger und Patient um, so dass die Patientin in die Rolle der Seelsorgerin rutscht und der Seelsorger in die Rolle des Patienten.

In dieser Situation wäre es wichtig gewesen, dass der Seelsorger, bevor er in die Begegnung mit der Patientin ging, seine eigenen Gefühle und seine Trauer um seine Ehe wahrgenommen hätte und während des Gespräch stets in der Präsenz aufmerksam für das gewesen wäre, was in ihm vorging. Darüber hinaus hätte er sein eigenes Thema der Trauer (um die Ehe) vom Thema der Trauer der Patientin (um ihr Leben) unterscheiden und sich dazu aufrufen sollen, beim Gefühl der Patientin zu bleiben und beides nicht zu vermischen.

In der Seelsorge begegnen dem Seelsorger beim Gegenüber oft starke Gefühle wie Angst, Ohnmacht, Wut, Traurigkeit und andere. Sie können seine eigenen Gefühle wachrufen. Es können eigene Ängste wach werden, eigene Schuld, eigene Einsamkeit und eigene Suizidgedanken auftreten, eigene Wunden berührt werden und Glaubenszweifel und Fragen an Gott auftreten. Deshalb ist es wichtig, das Phänomen von Übertragung und Gegenübertragung immer im Blick zu haben und starke Gefühle nicht abzuwehren, sondern wahrzunehmen, im Kontakt mit dem Gegenüber zu bleiben und die Gefühle, wenn es passt, anzusprechen.

Seelsorge bereichert den Seelsorger
Seelsorge ist für den Seelsorger bereichernd und schenkt ihm oft intensive und schöne Begegnungen mit anderen Menschen. In den Suchbewegungen von Fragen und Antworten entdeckt er eigene Fragen, die ihn weiterführen, und findet Antworten, für die er dankbar ist. Auch in seiner Beziehung zu Gott kann Seelsorge bereichernd auf den Seelsorger wirken.

Transzendenz und Sinn

Heilig und verantwortlich
Immer wenn ein Seelsorger in eine seelsorgliche Begegnung geht, ist Gott mit im Spiel. Vom Gegenüber wird der Seelsorger als Repräsentant von Religion verstanden und damit als Mensch, der in besonders intensiver Weise in Kontakt mit Gott steht. In dieser positiven Übertragung wird ihm die heilige Dimension des Lebens zugeschrieben, die Verbindung zu Transzendenz und Gott. In der negativen Übertragung wird ihm die Verantwortlichkeit für Unglück, Ungerechtigkeit, Krankheit, Sterben und Trauer zugeschrieben, die Gott zulässt, weil er sie nicht verhindert und verändert. Beide Übertragungen sind selten ein bewusster Vorgang. Aufgabe des Seelsorgers ist es, um diese Übertragungen zu wissen und sich bewusst zu machen, dass sie in der seelsorglichen Begegnung immer mitschwingen. Er braucht sol-

che Zuschreibungen nicht auf seine Person beziehen, sondern kann mit ihnen arbeiten, sie benennen und ins Gespräch bringen.

Spuren Gottes/Spuren von Sinn finden

Die Übertragungen sind das Eine, das Andere und Wichtigere ist aber, dass Gott in der seelsorglichen Begegnung wirklich ins Spiel kommt. Dies geschieht nicht zwangsläufig, wenn der Seelsorger von Gott spricht. Es geschieht eher, wenn sich im Austausch, in den Erzählungen, Erinnerungen und Fragen neue Perspektiven entwickeln und gemeinsam Spuren von Sinn entdeckt und benannt werden. Der Seelsorger hat durch sein theologisches Studium und seine pastoralpsychologische Weiterbildung Kompetenzen im Umgang mit biblischen Geschichten und religiösen Symbolen erworben, die das Leben und damit auch Sinn und Sinnlosigkeit deuten. Er hat gelernt, sich aus der Perspektive von Theologie und Philosophie mit den grundlegenden Fragen und Themen des Lebens zu befassen. Der Bibel ist er als einem Deutungsmuster verbunden, das Antworten auf die zentralen Fragen des Lebens gibt.

Erzählungen und Geschichten

Die Bibel und die christliche Tradition geben diese Deutungsmuster und Antworten in Form von Geschichten und Erzählungen und nicht in Gestalt abstrakter Wahrheiten. Die Lebenswirklichkeit von Menschen und das Handeln Gottes in dieser Wirklichkeit werden in Geschichten erzählt, in denen sich auch gegenwärtige Menschen wiederfinden. Narrationen sind per se offen für Erfahrungen und Deutungen, auch für Deutungen von Menschen, die nicht die Glaubensüberzeugungen des Seelsorgers teilen. Ein Beispiel ist die Erzählung von Jakobs Kampf am Jabbok, in der Jakob in der Nacht von einer geheimnisvollen Gestalt angegriffen wird, am Morgen nach langem Kampf den Segen dieser Gestalt fordert und dies übersteht, wenn auch versehrt. Trauernde kennen die Erfahrung, dass in der Dunkelheit die eigenen Schatten wach werden, einen heftigen Kampf beginnen und alles infrage steht, auch die mühsame Hinwendung zum Leben, die man in der zurückliegenden Zeit der Trauer schon erreicht hat.

Symbole

In der Bibel wird von Gott und vom menschlichen Sein oft in Symbolen gesprochen. Diese Symbole haben das Potenzial, eigene, heilsame Bilder in Menschen zu wecken. Psalm 23 ist ein Beispiel: Gott als Hirte. Die Fülle. Die grüne Aue. Das frische Wasser. Die Erquickung. Die rechte Straße. Der Namen Gottes. Das finstere Tal. Der Stecken und Stab. Der Trost. Der gedeckte Tisch. Die Feinde. Die Salbung. Das Haus des Herrn – alles Bilder, die die Phantasie von Menschen anregen. Sie wecken die eigene Bilderwelt von Menschen und schaffen eigene Bilder von Geborgenheit, Hoffnung, Kraft, Trost und Sinn.

Hermeneutische Fähigkeiten

Es geht nicht darum, dass Trauernde die biblischen Erzählungen und Symbole zu ihren eigenen machen, sondern es geht um das Potenzial dieser Erzählungen und Symbole und um die hermeneutische Fähigkeit des Seelsorgers, sie als Anregungen für eigene Erzählungen und Symbole von Hoffnung, Kraft, Trost und Sinn ins seelsorgliche Gespräch zu bringen. Aaron Antonovsky verwendet den Begriff des Kohärenzgefühls. Es ist eine hohe Kunst, die biblischen Aussagen mit der Lebenswirklichkeit von Menschen in Beziehung zu setzen, ohne dass sie dies als Nötigung, religiöse Phrase oder als aufgesetzt empfinden.

Eine junge Frau, die wegen Magersucht in einer Klinik behandelt wird, kommt zur Seelsorgerin und sagt, dass sie sterben wolle. Sie hat keine Kraft mehr, ist extrem abgemagert und hoffnungslos.

Der Seelsorgerin ist bekannt, dass die junge Frau einen Bezug zum christlichen Glauben hat, und fragt sie deshalb, welche biblische Geschichte oder welches biblische Bild ihr zu ihrer Situation einfällt. »Manna in der Wüste«, sagt die Frau. Die Israeliten sind mit ihren Kräften am Ende. Sie durchwandern hungrig und durstig die Wüste und wünschen sich zurück in die Sklaverei. Da lässt Gott morgens Manna vom Himmel regnen. Die Israeliten müssen das Manna sofort verzehren, sie können es nicht sammeln und aufheben. »Für mich heißt das«, sagt die Frau, »dass Gott mir jeden Tag so viel Nahrung und Energie gibt, wie ich brauche.«

Die hermeneutische Fähigkeit des Seelsorgers bezieht sich nicht nur auf die Erzählungen und Symbole der eigenen Tradition, sondern auch auf die Bilder und Vorstellungen von Sinn und Kohärenz, die Menschen von sich in der Seelsorge erzählen. Es ist gut, wenn er sie aufgreifen und gemeinsam mit dem Gegenüber entwickeln kann, was sie über das Leben und den Glauben des Gegenübers aussagen.

Eine Frau hat ihren Sohn und ihren Mann verloren. In der Seelsorge spricht sie lange über die Verlusterfahrungen. Sie erzählt, dass sie seitdem allein in ihrem Haus lebt. Irgendwann kommt sie darauf zu sprechen, dass ein Falkenpaar sich im Dach ihres Hauses eingenistet hat und sie jeden Morgen begrüßt. Das Falkenpaar bekommt Küken. Die Frau erzählt von dem beglückenden Gefühl, dass die Natur zu ihr spreche und ihr sage, dass das Leben weitergehe. »Gott ist in der Natur und sagt mir durch die Falken, dass ich nicht allein bin.«

Offen gehandeltes Sinnkonstrukt
Ein zentrales Merkmal von Seelsorge ist, dass das eigene Sinnangebot, die eigenen Glaubensvorstellungen und die Gestalt des eigenen Gottesbezugs transparent und offengelegt sind. In der

Regel haben Menschen eine ungefähre Vorstellung von dem, was mit Begriffen wie Christentum, christlicher Glaube, Bibel, Gebet und anderem gemeint ist, und können sich darüber informieren. Der ideelle Bezug von Seelsorge ist nicht versteckt oder verborgen. Deshalb kann der christliche Seelsorger ein klares Gegenüber sein, an dem der Andere seine eigene Fragen und Antworten entwickeln kann.

4 Trauer im Kontext von Seelsorge

Im Folgenden werden einige wichtige Erkenntnisse der Trauerforschung beschrieben. Trauerseelsorge geschieht stets in Bezug zur Transzendenz unter Berücksichtigung der Erkenntnisse der Humanwissenschaften. Die Bezugswissenschaft für die Trauerseelsorge ist die Pastoralpsychologie, die sich als Brücke zwischen Wissenschaft und Praxis versteht. Die aktuellen humanwissenschaftlichen Erkenntnisse zu Trauer zu kennen, ist eine der Grundbedingungen für professionelle Trauerseelsorge.

Trauerforschung wird in den Human- und Sozialwissenschaften betrieben. Diese Wissenschaften beschäftigen sich mit Trauer als Ausdruck menschlicher Reaktion auf eine Verlusterfahrung. Im Folgenden geht es um die Trauererkenntnisse der Psychologie. Je nach psychologischer Fachrichtung werden unterschiedliche Erklärungen und Beschreibungen von Trauerreaktionen gegeben (vgl. Lammer, 2013, S. 65–150).

Tiefenpsychologie

Die Tiefenpsychologie beschreibt den Verlust, der die Trauer auslöst, als Objektverlust. Aus der Tiefenpsychologie stammt der Begriff der Trauerarbeit. Freud hat diesen Begriff als Prozess der Ablösung der psychischen Energie (Libido) des Trauernden vom Verstorbenen (dem Objekt) geprägt. Durch die Ablösung vom Verstorbenen wird der Trauernde frei für ein neues, eigenes Leben. Zur Ablösung vom Verstorbenen gehört die intensive Beschäftigung mit ihm. Die Beziehung zum Verstorbenen wird angeschaut und geklärt. Der Trauernde soll alle Gefühle, die ihn in Bezug auf den Verstorbenen beschäftigen, im Gespräch benennen, durchleben und bearbeiten. Einen Schwerpunkt bilden dabei ambivalente Gefühle wie Wut, Enttäuschung, Schuldgefühle oder Erleichterung. Das Durchleben von ambivalenten Gefühlen ruft nach Freud Abwehrreaktionen hervor, die als solche erkannt und im Gespräch aufgelöst werden müssen.

In der gegenwärtigen Trauerforschung wird das Motiv der Ablösung vom Verstorbenen als überholt angesehen. Freud selbst hat am eigenen Leib erlebt, dass ihm die Ablösung von seiner früh verstorbenen Tochter Sophie nicht gelang. Erkenntnisstand heute ist, dass es nicht sinnvoll ist, auf die Ablösung des Trauernden vom Verstorbenen hinzuarbeiten, weil Ablösung in diesem Sinne unmöglich ist. Der Verstorbene gehört zum Leben des Trauernden dazu. Er braucht einen neuen Platz im Leben des Trauernden und der Trauernde braucht eine neue Beziehung zum Verstorbenen.

Bindungsforschung

John Bowlby, ein Vertreter der Tiefenpsychologie und Wegbereiter der Bindungsforschung, greift psychoanalytische, pädagogische und ethologische (die Verhaltensforschung betreffende) Aspekte auf (vgl. Bowlby, 2001, 2006). Das Bindungsverhalten von Menschen (wie Ernährung und Fortpflanzung) ist nach Bowlby vom Überlebensinstinkt geleitet. Menschen haben ein angeborenes Bedürfnis, enge Beziehungen zu Mitmenschen mit intensiven Gefühlen aufzubauen. Beim Verlust der Bezugspersonen ist der Trauerschmerz entsprechend heftig. Bowlby vergleicht die Reaktion von Trauernden mit dem Verhalten von

Kleinkindern, die von ihrer Bezugsperson getrennt sind. Ziel des Verhaltens von Kleinkindern ist die Rückkehr der Bezugsperson. Wut, Klagen und Vorwürfe sind Versuche, die Mutter zurückzuholen. Erst wenn dies nicht gelingt, realisiert das Kind den Verlust und lernt, sich anzupassen.

Diese Beobachtung überträgt Bowlby auf Trauernde und beschreibt vier Phasen des Trauerprozesses, die von Erstarrung und emotionaler Taubheit über die Suche nach dem Verstorbenen, Selbstverlust und Verzweiflung bis hin zum Sich-Wiederfinden im eigenen Leben und der Neuorganisation des eigenen Lebens verlaufen.

Die Art und Intensität der Beziehung zum Verstorbenen bestimmt den Verlauf der Trauer. Dabei können auch negative Bindungen intensiv sein und starke Trauerreaktionen hervorrufen. Auch bei Bowlby ist Trauerarbeit Arbeit des Trauernden an seiner Beziehung zum Verstorbenen.

Verhaltenspsychologie

Der Behaviorismus postuliert, dass jedes Verhalten erlernt ist und durch positive oder negative Verstärkung (Belohnung oder Bestrafung) veränderbar ist. Trauer wird in dieser Theorie als Verlust von Verstärkung bezeichnet. Die Schwere der Trauer hängt unter anderem davon ab, wie hoch die positive Verstärkung durch den Verstorbenen im Leben des Hinterbliebenen ist, welche andere Möglichkeiten der positiven Verstärkung es im Leben des Trauernden gibt und wie abrupt der Verlust geschieht. Wichtig für die Trauerbegleitung ist die Überlegung, welche Art von Verstärkung im Trauerprozess hilfreich ist, um den Trauerprozess zu unterstützen. Die eine Art der Unterstützung besteht in Mitgefühl, Zuwendung und Aufmerksamkeit für das Leid. Die andere Art der Unterstützung gilt dem Reaktivieren und

Entdecken von Verhaltensweisen, die helfen, das eigene Leben wieder als lebenswert zu empfinden.

Vermeidung von Trauer sollte nicht verstärkt werden. Trauervermeidung kann unter anderem durch gesellschaftliche Normen verstärkt werden, etwa durch die Erwartung, dass ein Trauernder seine Trauer am Arbeitsplatz möglichst nicht zeigt. Auch Erwartungen hinsichtlich der Dauer von Trauer können Vermeidung verstärken (Beispiel: »Nach sechs Monaten müsste es aber wieder gut sein! Nach einem Jahr müsstest du das aber überwunden haben!«). Ebenso kann der hohe Stellenwert von Autonomie in der Gesellschaft Vermeidung von Trauer fördern, weil der Trauende die Erwartung von Autonomie nicht mehr erfüllen kann.

Kognitive Psychologie

Kognitive Psychologie beschreibt die Verarbeitung von Information durch Menschen. Der Mensch ordnet durch sein Denken seine Erfahrungen, indem er Deutungsmuster entwickelt. Für die Entstehung von Deutungsmustern sind die Beziehungen zu nahen Menschen ein wesentlicher Faktor. Deutungsmuster haben die Aufgabe, Sinn zu schaffen und zu vermitteln. Als Muster (das heißt als Schema und als Wiederholung) erschaffen Deutungen eine Erfahrungskontinuität, die zur Identität des Menschen gehört. Sie geben der Welt und den Erfahrungen, die ein Mensch in ihr macht, Sinn und bilden einen Verstehenshorizont.

Wenn ein naher Mensch stirbt, bricht die Kontinuität ab und die individuellen Deutungsmuster ergeben keinen Sinn mehr. Der Trauernde versteht die Welt nicht mehr. In der kognitiven Psychologie bedeutet Trauer ein Pendeln zwischen dem Versuch, die alten, nicht mehr funktionierenden Deutungsmuster zu bewahren, und der Erkenntnis, dass es nötig ist, neue, tragende Deutungsmuster zu gewinnen. Ziel des Trauerprozesses ist nicht, das alte Deutungsmuster gänzlich abzulegen, sondern es so zu erweitern, dass die Verlusterfahrung integriert werden kann und mithilfe dieser Integration ein verändertes, sinngebendes Deutungsmuster entsteht.

Für die Trauerseelsorge sind Sinnverlust und Sinngebung ein eigentliches Thema. Durch den Glauben steht ihr eine eigene Sinndeutung zur Verfügung, die Sterben und Tod einbezieht. So kann sie dem Trauernden helfen, seine Sinndeutung zu verändern und die Verlusterfahrung in die veränderte Sinndeutung zu integrieren.

Phasen- und Aufgabenmodell in der Trauerbegleitung

In der Trauerbegleitung werden hauptsächlich zwei Modelle verwendet, um den Trauerverlauf zu beschreiben und die Begleitung von Trauer zu gestalten. Das eine Modell (»Phasenmodell«) ist tiefenpsychologisch orientiert und von der Psychologin Verena Kast entwickelt worden (Kast, 1993). Es beschreibt Phasen von Trauer, die jeder Trauernde durchläuft: die Phase des Nicht-wahrhaben-Wollens, die Phase der aufbrechenden Emotionen, die Phase des Suchens, Findens und Sich-Trennens sowie die Phase des neuen Selbst- und Weltbezugs.

Das andere Modell (»Aufgabenmodell«) stammt von William J. Worden, der die Erkenntnisse von John Bowlby aufgreift. Worden versteht Trauer als Aufgabe der Trauernden und nennt vier zentrale Aufgaben: den Verlust als Realität akzeptieren, den Trauerschmerz durcharbeiten, sich an eine Welt ohne den Verstorbenen anpassen, eine auf Dauer angelegte Verbindung mit dem Verstorbenen finden und sich dabei voll auf ein neues Leben einlassen.

Das Aufgabenmodell betont die aktive Seite des Trauerprozesses und holt die Trauernden und die Begleiter aus der

Ohnmacht und dem Ausgeliefertsein heraus. Es gibt dem Trauenden das Gefühl, dass er seine Trauer aktiv gestalten und bewältigen kann. Im Phasenmodell wird der Aspekt des Vertrauens in einen Lebensprozess vermittelt und der Trauernde kann sich in den laufenden Prozess hineinbegeben.

Beide Modelle haben den Nachteil, dass sie den Trauerprozess schematisieren und ihn in seiner Individualität nicht recht würdigen können. Dies liegt zum großen Teil an ihrer Modellhaftigkeit und nicht daran, dass sie grundsätzlich falsch wären. Sie bergen das große Missverständnis einer Chronologisierung von Trauer und der Illusion, der Trauerbegleiter oder -seelsorger »verstehe« Trauer und den Trauernden. Aber als Orientierung sind sie auch heute noch dienlich und können Entlastung für Trauernde und Begleiter geben.

Wichtig ist, immer im Blick zu haben, dass Modelle nicht die Realität abbilden, sondern vereinfachen und generalisieren. Sie haben die Tendenz, zu suggerieren, Trauer sei ein geradliniger Weg, und können Ambivalenzen und Ambiguitäten im Trauerprozess nicht abbilden.

Hypnosystemische Trauerbegleitung

Mit der hypnosystemischen Trauerbegleitung ist der Name von Roland Kachler verbunden. Kachler (2017) greift das Aufgabenmodell von Worden auf und sieht zwei grundsätzliche Aufgaben für Trauernde: die Realisierung der äußeren Abwesenheit und Beziehungsarbeit mit dem Ziel, eine neue innere Beziehung zum Verstorbenen aufzubauen. Kachler spricht von Realisierungsarbeit und Beziehungsarbeit. Zwischen beiden Aufgaben pendelt die Trauerarbeit hin und her, Kachler nennt es ein Oszillieren zwischen den beiden Polen der äußeren Abwesenheit und inneren Anwesenheit des Verstorbenen. Im Unbewussten sieht

Kachler ein bestimmendes Motiv in der Trauerarbeit. Deshalb spielen methodisch sogenannte Imaginationen und Phantasiereisen eine wichtige Rolle. Statt von Aufgaben spricht Kachler von drei Einladungen an Trauernde: den Abschiedsschmerz loslassen, die Beziehung zum Verstorbenen klären und neu gestalten und sich wieder auf das Leben einlassen. Kachler versteht Trauer als kreative Beziehungsarbeit.

Trauer als individueller Prozess

Trauer ist stets ein individueller Prozess, der mit psychologischen Erkenntnissen beschrieben werden kann, aber immer ein persönlicher Weg bleibt, der von dem Menschen abhängt, der trauert, von der Beziehung zum Verstorbenen, von der Art seines Sterbens, von den Ressourcen des Trauernden, vom sozialen Netz, zu dem er gehört, und von vielem mehr. Jeder Mensch trauert auf seine Weise. Es gibt in der Trauer keine Norm und es darf keine Norm geben. Trauernde denken viel oder wenig an den Verstorbenen, sie fahren bald nach der Beerdigung oder jahrelang gar nicht in den Urlaub, sie finden nach der Beerdigung wieder schnell in Fröhlichkeit und Lachen oder brauchen lange Zeit dazu. Niemandem von außen steht ein Urteil darüber zu, außer anzuerkennen, dass jeder Verlust eines nahestehenden Menschen – ob der Hinterbliebene ein gutes oder schwieriges Verhältnis zu ihm hatte – einen großen Eingriff ins Leben der Hinterbliebenen bedeutet.

5 Alles hat seine Zeit – Biblische Weisheitstradition und Resilienz

Resilienz

Resilienz ist ein Begriff, der heute in vielen Zusammenhängen auftaucht. Er beschreibt die Kompetenzen, die benötigt werden, um Krisen durchzustehen und unbeschadet aus ihnen hervorzugehen, Schädigungen zu überwinden oder mit ihnen leben zu lernen. Resilienz gehört in das weite Feld der Autonomie. Autonomie ist eine der großen Gaben, aber auch Anforderungen an Menschen der Gegenwart. Die Wertschätzung von Autonomie hängt wiederum mit dem Paradigma der Postmoderne zusammen, in dem Option und Wahl die große Freiheit und die große Not der Menschen sind. Wahl (z. B. der Identität, des Milieus, der Lebensumstände, des Glaubens) setzt Autonomie voraus. Mit der zeitgeschichtlichen Einordnung des Begriffs »Resilienz« ist auch eine Dimension angedeutet, die eher zur Vorsicht im Gebrauch mahnt: seine immanente Tendenz, zur Pflicht zu werden, als eine Anforderung gehandelt zu werden, die Menschen erfüllen und der sie gerecht werden müssen, sowie zu einer Leistung zu werden, die man von Menschen erwarten kann, damit sie anderen nicht oder weniger zur Last fallen und unter anderem die Gesundheitssysteme finanziell nicht zu sehr belasten oder nach einer Krankheit schneller wieder in den Arbeitsprozess eingegliedert werden können.

Resilienz[2] wird als die Fähigkeit eines Menschen verstanden, Widerfahrnisse und negative Erfahrungen nicht so tief in sich hineinzulassen, dass sie eine langfristig schädigende Wirkung in ihm entfalten können. »Resiliare« bedeutet »abprallen, zurückspringen«, im übertragenen Sinn Widerstandsfähigkeit gegen negative Ereignisse und Erfahrungen im Leben. Resilienz heißt nicht, unbeteiligt zu sein oder sich unberührbar zu geben, Abhärtung, Indifferenz und teilnahmslos oder kalt durchs Leben zu gehen. Stattdessen beschreibt Resilienz eine Berührbarkeit, die sich nicht zerstören lässt, und die Fähigkeit, Leiden zu empfinden und sich wieder dem Leben zuwenden zu können.

Zu Resilienz gehören unter anderem folgende Faktoren und Fähigkeiten:

- Ein Mensch entwickelt Vertrauen in sich, ins Leben und in andere Menschen.
- Er nimmt sich und gibt sich Zeit für die Entwicklung, die er nehmen muss, und für den Lebensweg, den er geht.
- Er entwickelt Aufmerksamkeit für seine Bedürfnisse und für die Kraft, die er braucht, um sie zu erfüllen.
- Er steht sich nicht in einer Haltung von Selbstverneinung und Selbstvorwürfen gegenüber, sondern kann sich akzeptieren und annehmen, wie er ist.
- Er kann Zustände, Verhältnisse und Menschen annehmen, wie sie sind. Er inszeniert sich nicht als Opfer und behält seine Aktivität bei.
- Er sucht nicht übermäßig nach Sinn und Grund von negativen Entwicklungen und Zuständen, sondern kann sie akzeptieren und weitergehen.
- Er richtet seine emotionale, psychische und intellektuelle Kraft weniger auf die Beschreibung der Schwierigkeiten und

---

2 Die Beschreibung des Begriffs orientiert sich an: Leidfaden – Fachmagazin für Krisen, Leid, Trauer, 2012, Jg. 1, Heft 2: Resilienz – Schutzschirm der Psyche.

Defizite seines Lebens als auf seine Potenziale und das Finden von Lösungen.
- Er weiß um die Wirksamkeit der eigenen Gedanken und um ihre Bedeutung und Macht, das eigene Leben positiv und negativ zu beeinflussen.
- Er kann sich von Selbstmitleid und Bitterkeit distanzieren und Verantwortung für sich und sein Leben übernehmen.
- Er kann sich von übertriebenen oder falschen Forderungen distanzieren.
- Er kann Hilfe annehmen.
- Er weiß, dass gutes Tun und Gutes tun wirksam sind.

Menschen können Resilienz lernen und üben.

In seinem Buch »Die andere Seite der Trauer« (Bonanno, 2012) hat sich George Bonanno ausführlich mithilfe empirischer Forschungen mit der Bedeutung von Resilienz für die Trauer beschäftigt. Eines seiner wesentlichen Ergebnisse fasst er so zusammen: »Die gute Nachricht für die meisten von uns lautet, dass Trauer weder etwas Übermächtiges noch etwas extrem Langwieriges ist« (S. 17). Trauer beschreibt Bonanno als eine Erfahrung, für die Menschen gemacht seien und die sie deshalb bestehen könnten (S. 18). Den Begriff der »Trauerarbeit« sieht er als schwierig an, weil es in der Trauer nichts »durchzuarbeiten« gebe, vielmehr ginge es darum, dem Leben und sich selbst zu vertrauen. »[…] viele Menschen, die schwere Verluste erlitten haben, [weisen] eine natürliche Widerstandskraft auf. Sie leiden sehr, aber der Schmerz vergeht, und schon relativ bald nach dem Verlust sind sie wieder auf der Höhe und können das Leben genießen« (S. 35). Die Auffassung, Trauer sei ein langwieriger und oft sehr belastender Prozess, wertet er als Konstruktion von Therapeuten, die hauptsächlich mit durch die Trauer stark belasteten Menschen sprächen und ihre Erfahrungen verallgemeinerten (S. 13). Der Mensch sei für den

Umgang mit schweren Verlusten ausgestattet, indem er die Fähigkeit zum Kummer habe. Kummer mache die Umwelt aufmerksam für das eigene Erleben und orientiere so die Umwelt, dass sie sensibel mit dem Trauernden umgehen müsse. Kummer sei ein Signal an andere Menschen, dass der Trauernde Verständnis und Mitgefühl brauche (S. 210). »Wir können gut mit Verlust umgehen, weil wir sozusagen darauf programmiert sind« (S. 210). Eine weiteres Resilienzmotiv sei die Vergänglichkeit von Emotionen: »Emotionen kommen und gehen« (S. 41).

Bonanno lehnt Phasenmodelle für die Trauer ab und versteht Trauer als Wellenbewegung. Der Trauernde pendle zwischen zwei getrennten Prozessen hin und her, der Verlustbezogenheit und der Wiederherstellungsbezogenheit (S. 54). Schwingen und Pendeln reichten vom einen Pol der Trauer zum anderen der wiederhergestellten Freude am Leben. Die Wellen könne der Trauernde beeinflussen und sie flachten mit der Zeit zu einem wiedergewonnenen positiven Lebensgefühl ab (S. 210). Bonanno gibt der Fortdauer der Beziehung von Hinterbliebenen zu den Verstorbenen großes Gewicht (S. 212 ff.). Die Beziehung zum Verstorbenen soll gerade nicht abgebrochen, sondern verwandelt werden. Bonanno schreibt, er habe in vergleichenden empirischen Forschungen mit Trauernden in den USA und in China herausgefunden, dass die Trauer umso weniger belastend verlaufe, je stärker die Trauernden die Verbindung zum Toten bewahrt hätten. »Bei Chinesen waren dauerhafte Bindungen [an die Verstorbenen] fast durchweg positiv« (S. 192). Dahinter steht die chinesische Spiritualität, die die Toten in der jenseitigen Welt als dort lebende Geister annimmt. Die Verbindung zu den Toten wird durch Rituale aufrechterhalten. »*Rituale verändern Menschen*« (S. 203, kursiv im Original). Man müsse nicht an das Jenseits glauben, sondern es komme nur darauf an, dass die Rituale vollzogen würden (S. 204). Auch wenn die Spezifika der chinesischen Spiritualität nicht einfach in die westliche Welt übertragen werden können, deckt sich die Erkenntnis von Bonanno zur Wichtigkeit der Fortdauer der Beziehung zum Verstorbenen zum Beispiel mit den Erkenntnissen, die Roland Kachler als wesentliche Bestandteile seiner hypnosystemischen Trauerarbeit nennt. Auch Kachler sagt, es gehe nicht um eine Loslösung der Beziehung der Hinterbliebenen zum Verstorbenen, sondern darum, dass der Verstorbene einen neuen Platz im Leben der Hinterbliebenen bekomme. Er sieht ebenfalls die große Bedeutung von Ritualen in der Verwandlung (das heißt: Aufrechterhaltung) der Beziehung von Hinterbliebenen zum Verstorbenen.

Resilienz in der Trauer bedeutet nach Bonanno Vertrauen in die eigene Person und ins Leben. »Irgendwie stehen wir das durch« (S. 70). Gemeinschaft sei hilfreich ebenso wie innere Stimmen, die dem Trauernden Vertrauen zusprechen und ihn stärken, nicht aufzugeben. Außerdem seien Stolz, Ruhe, Gelassenheit und Humor hilfreich (S. 71). Als weitere Resilienzfaktoren nennt Bonanno Optimismus, Selbstvertrauen, ein großes Verhaltensrepertoire, Flexibilität, Durchhaltevermögen, Pragmatismus und die Fähigkeit, die Wirklichkeit im Sinn des Selbstwertes zu deuten (S. 89–91). »Die meisten Menschen kommen über ihren Verlust hinweg« (S. 94). Nur etwa 10 bis 15 Prozent aller Hinterbliebenen hätten mit langwierigen Trauerreaktionen zu kämpfen (S. 108). Resilienz sei »eine weit verbreitete und dauerhafte Realität« (S. 207). Dass Menschen resilient seien, sei die Norm (S. 59). Resilienz habe eine genetische und eine psychologische Komponente (S. 211).

Biblische Weisheit

Gerade durch die zuletzt genannte Erkenntnis, aber auch durch viele andere Beschreibungen von Resilienz im Kontext von Trauer wird die Nähe des Bedeutungsfeldes von Resilienz zur weisheitlichen Tradition der Bibel deutlich. Einige wichtige Elemente der biblischen Weisheitstradition sollen im Folgenden beschrieben werden.

Grundgedanke der biblischen Weisheit[3] ist, dass die Welt weise und sinnvoll von Gott gestaltet ist und es für Menschen das Beste ist, ihr Leben als von Gott gegeben anzunehmen. »Die Lehre des Weisen ist eine Quelle des Lebens, zu meiden die Stricke des Todes« (Spr 13, 14; Lutherübersetzung, 2017). »Wohl denen, die meine Wege einhalten« (Spr 8, 32; Lutherübersetzung, 2017). Dabei sind nicht wie bei Seneca und überhaupt in der philosophischen Weisheit menschliche Einsicht und menschliches Nachdenken Grund für die Weisheit, sondern Gott selbst und das Einstimmen in die Weisheit Gottes. »Gott ist weise und mächtig« (Hiob 9, 4; Lutherübersetzung, 2017). »Bei ihm allein ist Weisheit« (Hiob 12, 13; Einheitsübersetzung). Gott gibt Anteil an der Weisheit, indem er Menschen im Vertrauen in ihn hilft, ins Sein und Leben einzustimmen. » […] im Geheimen lehrst du mich Weisheit« (Ps 51, 8; Einheitsübersetzung). Es geht um eine Art des Lebens, die nicht gegen das Tatsächliche und Vorfindliche rebelliert, sondern es aus Gottes Hand nimmt. Leben wird gut und ist gut im Vertrauen auf die Weisheit Gottes. Weisheit unter Menschen entsteht durch Orientierung an Gott und an jenen, die auf Gott vertrauen durch Gemeinschaft, Reden und Hören, Sehen und Wahrnehmen.

Weisheit tritt in manchen biblischen Büchern als Frauengestalt auf. Sie ist eine Lehrerin im Alltag und Ratgeberin. In den Sprüchen Salomos wird Weisheit als von Anfang an bei Gott gedacht (Spr. 8, 22 ff.). Sie gibt Orientierung für das Leben der Menschen. »Wer mich findet, der findet Leben« (Spr 8, 35; Ein-

---

3 Das wissenschaftliche Bibellexikon im Internet: http://www.bibelwissenschaft.de/stichwort/34659 und http://www.bibelwissenschaft.de/stichwort/34707/ S. a. Artikel »Weisheit« in Coenen und Haacker, 2000.

heitsübersetzung). Im Neuen Testament wird die transzendente und präexistente Dimension von Weisheit aufgenommen, indem sie auf die Präexistenz Christi übertragen wird. Feministische Theologie rezipiert diese Motive ausführlich. Paulus kehrt im 1. Korintherbrief die Begriffe »Weisheit der Welt« und »Torheit Gottes« um, indem er sagt, im Kreuz Jesu erweise sich die Weisheit der Welt als Torheit und die Weisheit Gottes scheinbar als Torheit. Die Weisheit Gottes ist eine andere als die Weisheit der Welt (1 Kor 1, 18 ff.). Johannes der Täufer und Jesus sind Kinder der Weisheit (Lk 7, 33–35).

Ein wichtiger Gedanke der biblischen Weisheitstradition ist der sogenannte Tun-Ergehen-Zusammenhang. Er besagt, dass es sinnvoll ist, ethisch gut zu handeln und sich nach Gottes Geboten auszurichten, weil solch eine Haltung und solches Tun sich auch auf das Befinden und Ergehen des Menschen auswirken. Der Tun-Ergehen-Zusammenhang wäre simplifiziert, würde man ihn als Formel begreifen: Handle gut, dann geht es dir gut. Er meint auch nicht, dass es richtig sei, aus dem Leiden von Menschen abzuleiten, dass sie sich ethisch schlecht verhalten hätten.[4] Der Tun-Ergehen-Zusammenhang spricht vielmehr einen inneren Zusammenhang zwischen Sein, Handeln und Ergehen an, ohne Zwangsläufigkeit oder Machbarkeit zu implizieren. Im Buch Hiob und bei Kohelet wird ein Automatismus von Tun und Ergehen abgelehnt. Hiob geht es schlecht, obgleich er gut handelt (und vielleicht sogar gut ist) und Kohelet hat eine nüchtern-skeptische Sicht auf die Welt, die im Grunde alles für möglich hält und gerade deshalb zu Gottvertrauen rät.

Das Buch der Sprüche Salomos/Buch der Sprichwörter enthält viele lebenspraktische Hinweise der weisheitlichen Tra-

---

4 Dies wehrt Jesus u. a. im Gespräch mit seinen Jüngern über den blind Geborenen ab (Joh 9, 1–3), ebenso bei den Verunglückten beim Sturz des Turms von Siloah (Lk 13, 4 f.).

dition. Viele Sprichwörter beschreiben Verhaltensweisen und Erkenntnisse, die zu beherzigen ein Leben im Einklang mit der Schöpfung und Gott verspricht.

In der Josephsgeschichte ist die Figur des Joseph mit einer weisheitlichen Lebenshaltung gezeichnet und von ihr durchdrungen. Joseph ist einerseits ein hochbegabter und hochmütiger Mann, der im Laufe seine Lebens Demut und Wertschätzung anderer lernt, andererseits ein Mensch, dem Unrecht und Leiden widerfahren und der in allem den Kontakt zu Gott wahrt und sich nicht niederdrücken oder bezwingen lässt oder den Lebensmut verliert. Er vertraut in allem auf ein gutes Ende.

Joseph ist ein vorbildlich resilienter Mensch. Er kann schreckliche Verletzungen und Traumatisierungen verhältnismäßig unbeschadet überstehen wie etwa die Erfahrung, dass seine Brüder ihn in eine Zisterne werfen und an die Ismaeliter verkaufen (Gen 37, 23 ff.), die Enttäuschung in Potifars Haus und den Aufenthalt im Gefängnis (Gen 39, 19 ff.). Er trägt sein leidvolles Geschick weder Gott noch seinen Brüdern nach, indem er sich innerlich verzehrte und aufriebe. Joseph geht seinen Lebensweg mit vielen Tiefen und Höhen und behält sein Vertrauen in Gott und den Glauben, dass Gott ihn führt und behütet.

Das Buch Hiob zeigt biblische Weisheit in ihrer Leidenschaft und existenziellen Tiefe. Aufgrund einer Wette zwischen Gott und Satan soll Hiob in seinem Gottesvertrauen und seiner Treue zu Gott geprüft werden. Er verliert seinen Reichtum, seinen Besitz, seine Kinder und seine Gesundheit. Bedeckt mit Geschwüren sitzt er in der Asche. Er wird auf den Grund der Existenz geführt, indem ihm allein sein Leben noch bleibt – das er infrage stellt! (Hiob 3, 11 ff.). Der Zusammenhang von Tun und Ergehen ist für ihn nicht mehr erkennbar, während seine sogenannten Freunde ihm aufgrund ihres Festhaltens am Tun-Ergehen-Zusammenhang zu bedenken geben, er habe irgendeine Verfehlung gegen Gott begangen, da ihn all das Unglück treffe. In tiefer Aufrichtigkeit und Wahrhaftigkeit beharrt Hiob jedoch auf seiner Identität als Gerechter und schickt irgendwann seine Freunde fort, um mit Gott selbst ins Gespräch zu kommen. Hiob will verstehen, warum es ihm so schlecht ergeht, und von Gott den Grund erfahren. Aber Gott lässt sich mit Hiob nicht auf ein Gespräch von Gleich zu Gleich ein. Gott beharrt darauf, dass er Gott ist und Hiob Hiob ist und er, Gott, von Hiob nicht erkannt werden kann. Er verweigert Hiob die Erklärung für sein Leiden und beschreibt vielmehr seine Größe und sein Geheimnis. Gott lässt Hiob nicht aus der vorgegebenen Struktur der Beziehung, die heißt: Gott bleibt unbegreifbar und dem Menschen bleibt nur, Gott zu vertrauen. In den Kapiteln 38 ff. spricht Gott zu Hiob in poetischen Reden und beschreibt seine Majestät und Unbegreifbarkeit. Hiob versteht, dass er sich überhoben hat, und findet ins Vertrauen zu Gott zurück. Um dem Leser die Symbolhaftigkeit der Dichtung deutlich zu machen, bekommt Hiob am Ende seinen Besitz und seine Kinder zurück und lebt als vor aller Welt sichtbar Gesegneter weiter.

Ein neuer Aspekt der biblischen Weisheitstradition zeigt sich in der Hiob-Dichtung, insbesondere in der Infragestellung des Zusammenhangs von Tun und Ergehen sowie in der Haltung, das Handeln Gottes verstehen zu wollen, Gott anzugreifen und Gott zu stellen. Während im Buch Kohelet eher eine resignativ-faternalistische Stimmung in Bezug auf die Rätsel und die Ungerechtigkeit des Lebens vorherrscht, ist Hiob voller Leidenschaft, Unnachgiebigkeit und Drängen. Es gibt Leser, die das Auftreten Gottes im Hiob-Buch als einen zwar eindrücklichen, aber doch unbefriedigenden Machtbeweis empfinden und sich auf Fragen und Leiden im eigenen Leben mit dem Hinweis, Gott sei groß, geheimnisvoll und nicht erkennbar, nicht zufriedengeben können. Sie haben insofern recht, als man den Hinweis auf Gottes Größe nicht funktionalisieren darf (und gerade in der Trauerseelsorge und überhaupt in der Seelsorge nicht!). Hiob wird *innerhalb* seiner leidenschaftlichen Beziehung zu Gott von Gott überzeugt, nicht von außen und nicht von oben herab. Die Beziehung von Gott zu Hiob ist keine hierarchische, von Macht geprägte Beziehung, sondern ein gegenseitiges Ernstnehmen, in dem beide Gesprächspartner jeweils auf ihrer Identität beharren und ihr treu bleiben. Das ist etwas anderes als eine hierarchische Beziehung, in der der in der Hierarchie Untergeordnete immer zwischen der Treue zu seiner Identität und seiner Stellung in der Hierarchie abwägen muss. Hiob und Gott begegnen sich frei, jeder als er selbst. Dies ist für eine weisheitliche Grundhaltung in der Trauerseelsorge von unschätzbarer Bedeutung. Es geht nicht um Gehorsam und blinden Glauben, sondern die Auseinandersetzung über Sinn und Ungerechtigkeit darf und muss geführt werden. Trauernde stoßen mit ihren Fragen auf einen Gott, der sie ernst nimmt und nicht hierarchisch abfertigt.

»Alles hat seine Stunde, und eine Zeit (ist bestimmt) für jedes Vorhaben unter dem Himmel: Eine Zeit fürs Geborenwerden, und eine Zeit fürs Sterben; eine Zeit fürs Pflanzen, und eine Zeit, das Gepflanzte auszureißen [...] Eine Zeit, zu töten, und eine, zu heilen; eine Zeit, einzureißen, und eine Zeit, aufzubauen. Eine Zeit, zu weinen, und eine Zeit, zu lachen; eine Zeit, zu klagen, und eine Zeit, zu tanzen [...] Eine Zeit, zu suchen, und eine Zeit, zu verlieren; eine Zeit, aufzubewahren, und eine Zeit, wegzuwerfen« (Prediger Salomo 3, 1 ff.; Jerusalemer Bibel, 1968). Man kann auch übersetzen: »Trauern hat seine Zeit und Tanzen hat seine Zeit.«

Diese Verse gehören zu den schönsten der Bibel – man kann sie gar nicht oft genug lesen. Schon Rhythmus und Klang der Worte wirken tröstlich. Man kann die Verse aus dem Prediger Salomo/Kohelet 3, 1 ff. gut als Stimmung in die Begegnung einer Trauerseelsorge mitnehmen. Es gibt eine Ordnung der Welt, aber sie bleibt unergründlich und man kann sie nur poetisch beschreiben. Die Dinge und Ereignisse haben ihren Platz und ihre Zeit, sie sind eingeordnet in – wenn auch ein Geheimnis bleibende – sinnvolle Strukturen und Abläufe. Sinnvoll sind die Strukturen und Abläufe, weil sie von Gott geschaffen sind. Aufgabe von Menschen ist es, sich in die Abläufe einzuschwingen. Auch Tod und Trauer sind hier eingeordnet. Vergänglichkeit und Sterben gehören bei Kohelet auf selbstverständliche Weise zum Leben dazu. Trauern und Klagen hat seine Zeit und Tanzen hat seine Zeit. Trauer ist nicht absolut, sondern als menschliche Gabe und Ausstattung eingeordnet in andere Gaben und Vorgaben des Menschen. Die Aussage »Suchen hat seine Zeit und Verlieren hat seine Zeit« ist im Zusammenhang von Seelsorge und Trauer besonders einleuchtend, denn jeder Seelsorger und Trauerbegleiter weiß: In der Trauer ist die Antwort auf »verlieren« nicht »finden«, sondern »suchen«: ein neues Verhältnis zu Gott suchen, ein neues Verhältnis zur Welt suchen, neue Beziehungen suchen, ein neues Verhältnis zu sich selbst suchen. »Suchen« ist eine andere Bewegung als »Finden«. Suchen ist eine offene und in ihrem Ergebnis unklare und freie Bewegung, Finden dagegen ist konkret und bestimmt. Suchen ist ein Aufbruch, Finden ein Ankommen.

Ein Aspekt, der unbedingt genannt werden muss und im Neuen Testament besonders hervorgehoben wird, ist Dankbarkeit. »[…] und seid dankbar!« heißt es im Kolosserbrief (Kol 3, 15; Lutherübersetzung, 2017). Dankbarkeit setzt Menschen in Relation zu Gott. Durch Dankbarkeit bestimmt sich ein Mensch als Empfangenden. Dankbar *zu sein* ist eine Haltung, die Welt zu betrachten. Ein Mensch kann die Welt fordernd oder dankbar ansehen. Dankbarkeit als Seinshaltung bedeutet weder Klagen und Fragen zu unterdrücken noch Erwartungen und Hoffnungen ans Leben abzulegen. Mit Dankbarkeit ist keine Moral gemeint, wie Kinder gesagt bekommen: »Was ist das Zauberwort?« Dann wäre Dankbarkeit ein Moralismus unter den vielen Moralismen unserer Gegenwart. »καὶ εὐχάριστοι γίνεσθε« heißt es im griechischen Original von Kolosser 3, 15. Seid dankbare Menschen. Im griechischen Wortlaut wird die Verbindung zu Abendmahl und Eucharistie deutlich. Bei Abendmahl und Eucharistie geht es nicht um Moral, sondern um die Nähe Gottes zu Menschen und die Verwurzelung von Menschen in Gott. »Et grati estote« heißt es in der lateinischen Übersetzung der Bibel; »grati« kommt vom Adjektiv »gratus« (dankbar) – hier schwingt die Bedeutung von »anmutig, erwünscht, willkommen« mit. Dankbarkeit beschreibt Sein.

In der biblischen Sicht ist Weisheit im Menschen angelegt, damit er sein Leben besser bestehen kann. Gott gibt uns Fähigkeiten und Einsichten mit, um unser Leben zu leben und unsere Krisen meistern zu können. »[…] wer der Weisheit folgt, wird gerettet werden« (Spr. 28, 26; Bibel in gerechter Sprache).

Trauerseelsorge und Weisheit

Mit der biblischen Weisheitstradition hat die christliche Seelsorge einen eigenen Schatz und eine eigene Tradition, die die Resilienzperspektive integrieren und umgreifen. Die Tradition der biblischen Weisheit zeigt auch die Anschlussfähigkeit religiöser Sprache und religiöser Vorstellungen an den zeitgenössischen, psychologischen Leitbegriff der Resilienz. Der biblische Bedeutungshorizont von Weisheit ist umfassender, weil er den Bezug zur Transzendenz herstellt. Er wahrt das Geheimnis, das viele Ereignisse, Vorgänge und Krisen im Leben bedeuten, und ist zugleich die Quelle für die Kraft, das Geheimnis auszuhalten und daran nicht zugrunde zu gehen. Weisheit fügt Menschen in eine größere Ordnung ein und wehrt der Gefahr der Funktionalisierung und Instrumentalisierung, von der der Resilienzbegriff nicht frei ist. Weisheit verankert in einer anderen, höheren, stärkeren Ordnung als der Ordnung der Welt.

Mit der weisheitlichen Grundhaltung kann der Seelsorger den Trauernden begleiten in der Haltung, dass der Trauernde seine Trauer leben kann, ohne an ihr zugrunde zu gehen. Der Seelsorger darf das Vertrauen haben, dass die Weisheit Gottes in jedem Menschen, also auch im Trauernden, wohnt und ihn trägt. »Sie [Gott] beschützt den Lebensweg derer, die sich auf sie verlassen [...] Weisheit kommt in dein Herz [...]« (Spr 2, 8–10; Bibel in gerechter Sprache). Die Ordnung des Lebens besteht und wenn sie verloren ist, findet sie sich wieder. Der Seelsorger bewahrt stellvertretend das Vertrauen ins Leben und kann Sterben und Tod stellvertretend für den Trauernden annehmen. Seine Rolle als Seelsorger ermöglicht es ihm, Vertrauen und Annehmen in der Seelsorge zu leben. Das heißt nicht, dass er unberührt bliebe oder nicht empathisch sei. Aber er ist nicht persönlich betroffen. Er macht etwas, was der Trauernde eventuell im Moment nicht kann, weil die Trauer ihm den Boden unter den Füßen wegreißt und alle Gewissheiten, Glaubenssätze und das Vertrauen in sich selbst, in andere Menschen, ins Leben und in Gott infrage stellt und unterwandert.

Eine weisheitliche Grundhaltung öffnet die Trauerseelsorge auch für Menschen, die mit dem Glauben nichts anfangen können, weil die Weisheit die Resilienzperspektive umfasst. Weisheit benutzt säkulare Sprache[5] und weiß zugleich um die religiöse Dimension in der säkularen Sprache der Resilienz, ohne sie als religiöse Dimension benennen zu müssen. Der Seelsorger darf voraussetzen und darauf vertrauen, dass Weisheit auch im Gegenüber gesetzt und gepflanzt ist.

---

5 Viele der Sprüche Salomos bzw. des Buchs der Sprichwörter sind in nichtreligiöser Sprache verfasst.

Einige konkrete weisheitliche Motive, die in Begegnungen in der Trauerseelsorge hilfreich sein können, sollen im Folgenden benannt werden:

Die Sprüche Salomos/Buch der Sprichwörter bieten viele lebenspraktische Hinweise. Sie vertreten die Perspektive der Alltagsrealität sowie der Einsicht in die Bedingtheit des Lebens und geben Hilfen, mit der Realität, die nun einmal ist, wie sie ist, zu leben und umzugehen. Für die Trauerseelsorge ist aus dieser Perspektive zum Beispiel wichtig, dass geteilte Trauer zwar nicht halbe Trauer ist, aber erträglicher wird. Trauernden kann man vorschlagen, sich mit anderen Trauernden zu treffen, zu Trauercafés zu gehen, an Gottesdiensten zum Thema Trauer teilzunehmen und Kontakte zu Betroffenen zu suchen und wahrzunehmen. Der Zustand der Trauer, der zu Passivität verführt, mag dem entgegenwirken. Trauernde zeigen sich aber in der Regel froh über solche praktischen Hinweise, gerade weil sie sich oft wie gelähmt und wie mit einem schweren Hammer auf den Kopf geschlagen fühlen. Es ist sinnvoll, Adressen und Zeiten von Trauercafés oder Trauergruppen mit den Trauernden gemeinsam auszusuchen, weil für Trauernde schon das Suchen im Internet ein unüberwindliches Hindernis darstellen kann. In diesen Bereich gehören auch andere praktische Hinweise zum Beispiel zum Umgang mit Behörden und Ämtern oder dem Erbe und anderes. Nicht dass Seelsorge diese Dinge selbst regeln muss, aber sie kann Hinweise auf zuständige Stellen oder Beratungsangebote geben. Von Trauernden werden solche Hinweise wegen der momentanen existenziellen Überforderung oft als hilfreich empfunden.

Zur lebenspraktischen Seite der Weisheit gehören auch schlicht scheinende und doch, wenn sie ernst gemeint und nicht einfach so dahin gesagt sind, wirksame Worte wie »Es wird weitergehen«, »Sie werden das überstehen«, »Sie haben die Kraft dazu« und Ähnliches. Am Ende des Seelsorgegesprächs kann der Seelsorger Gottes Segen wünschen und sagen, dass er für den Trauernden betet (wenn er es wirklich tut). Dies sind kleine, aber oft eindrückliche und wirksame Gesten und Zeichen.

Für die Trauerseelsorge ist das Motiv der Behütung durch Gott aus der Josephsgeschichte zentral. Auch wenn ein Mensch die Behütung Gottes nicht spürt, wird er doch von Gott behütet. Diesen Glauben muss der Seelsorger nicht aussprechen, aber es ist gut, wenn er ihn in sich trägt. Joseph reibt sich in Krisen innerlich nicht auf, er quält sich nicht innerlich und denkt zum Beispiel: »Was habe ich nur für Brüder?! Wie kann Potifar so dumm sein! Was ist das nur für eine ungerechte Welt!« usw. Er geht auch nicht skrupulös mit sich selbst ins Gericht. Stattdessen macht er Erfahrungen und lernt aus ihnen. Das Richten über sich, andere und das Leben überlässt er Gott, dem er vertraut. Joseph konserviert seinen Trauerschmerz nicht. Er lässt sich von ihm nicht verzehren. All diese Motive kann der Seelsorger mit in die Begegnung mit Trauernden nehmen und sie bei Gelegenheit behutsam und liebevoll ansprechen.

Aus dem Buch Hiob kann der Seelsorger die Wichtigkeit des Beharrens auf Wahrhaftigkeit und Aufrichtigkeit lernen. Denn es geht in der Trauerseelsorge nicht darum, vorschnell zu trösten, das Geschehene oder den Trauernden mit Gott versöhnen oder mit »Weisheit« trösten zu wollen. Die Sinnfrage ist für Trauernde von großer Bedeutung. In der Seelsorge ist der Raum, die Sinnfrage zu stellen und auszuhalten, auch die Trostlosigkeit, dass es im Moment keine Antwort auf die Sinnfrage gibt und in diesem Leben vielleicht nie eine Antwort geben wird. Bei aller Kritik am Reden und Verhalten von Hiobs Freunden, so machen sie doch immerhin dies: Als sie den trauernden Hiob sehen, weinen sie, zerreißen ihre Kleider und sitzen sieben Tage bei ihm und schweigen (Hiob 2, 12–13). Sie halten die Sinnfrage mit ihm eine Zeit lang aus.

Das Buch Hiob zeigt, wie wichtig es für Trauernde ist, sich hartnäckig, untröstlich und ohne vorschnelle Versöhnung der Suche nach dem Sinn hinzugeben. Seelsorge hat die Aufgabe, diesem Suchen einen Raum zu geben. Der Seelsorger hat dabei eine paradoxe Rolle: Einerseits muss er mit dem Suchenden mitgehen. Er darf ihn nicht vor den Kopf stoßen, wie es Hiobs Freunde tun, indem er (auch unausgesprochen, es reicht schon, wenn der Seelsorger dies in seinen Gedanken zulässt) den Trauernden nicht recht ernst nimmt oder die Aussagen des Trauernden innerlich relativiert, ohne dies mit dem Trauernden zu kommunizieren. Andererseits muss der Seelsorger Gegenüber sein, schon allein deshalb, weil er nicht Trauernder, sondern Seelsorger ist. Aber auch inhaltlich ist der Seelsorger ein Gegenüber: Er glaubt an die Gegenwart Gottes und die Auferstehung der Toten oder ist zumindest davon überzeugt, dass der Tod nicht das letzte Wort über Menschen hat. Auch hier hat Seelsorge die Aufgabe, geduldig, immer wieder aufs Neue, behutsam und liebevoll die Fürsorge und die Liebe Gottes in die Begegnung zu bringen, vielleicht durch ein Bild, eine Erzählung, ein Gebet, einen einzigen Satz oder vielleicht allein schon dadurch, dass der Seelsorger selbst daran glaubt.

Im Verhalten von Joseph und Hiob kann man große Unterschiede beobachten. Joseph geht weder mit sich noch mit Gott ins Gericht – Hiob dagegen stellt Gott, fragt ihn nach seiner Gerechtigkeit und besteht darauf, dass Gott sich ihm erklärt. Joseph verzehrt sich innerlich nicht – Hiob hingegen verzehrt sich so stark, dass er sich den Tod wünscht. Beide sind psychologisch gesprochen resilient und religiös gesprochen weisheitlich, weil sie an den gewaltigen Herausforderungen, die das Leben ihnen stellt, nicht zugrunde gehen, sondern ihr Leben fortsetzen, und dies auf eine gute, sie zufriedenstellende Weise. Sie erleben wieder Glück nach der Krise. Weisheit umfasst beide Positionen, auch scheinbar sich Widersprechendes und Paradoxes. Joseph und Hiob sind Idealtypen, zwei Pole, zwischen denen sich die Trauer nicht idealtypischer Menschen ereignet. In einem Paradoxon können sich das Einstimmen Josephs und der Widerstand Hiobs gleichzeitig im selben Menschen zur selben Zeit ereignen, wobei der Trauernde in der Seelsorge vielleicht nur den Widerstand oder nur das Einstimmen zeigt. Seelsorge bedeutet, zu fragen, ob und wann auch das andere Motiv »seine Zeit hat«.

Bonannos Beschreibung von Trauer als Schwingungsbewegung zwischen Verlust- und Wiederherstellungsbezogenheit lässt sich gut mit der Vorstellung der Rhythmen und Zeiten verstehen, die der Prediger Salomo beschreibt. Nach dem Prediger Salomo ist menschliches Leben in Rhythmen und Zeiten eingeordnet. Es ereignet sich individuell und betrifft jeden einzelnen Lebenden für sich, aber es ereignet sich auch kommun, kontextuell und sozial. Die weisheitliche Haltung leugnet nicht den Schmerz und die Verzweiflung, die Sterben und Tod in Menschen verursachen können, nimmt ihnen aber zugleich das radikal Einsame, die absolute Verneinung und das absolut Nihilistische – und sei es nur dadurch, dass sie das Geheimnis wahrt, das Gott ist. Das Wissen um Zeiten und Rhythmen darf beim Seelsorger natürlich nicht zu einer Haltung von Überlegenheit, Souveränität oder Bescheidwissen führen, die den Trauernden nicht mehr ernst nehmen kann. Dies wäre eine Unterwanderung der Weisheit und ein professionelles Fehlverhalten in der Seelsorge. Der Seelsorger selbst ist in die Zeiten und Rhythmen eingeordnet und steht nicht außerhalb von ihnen.

Auch Dankbarkeit ist eine Relativierung von Verzweiflung und Schmerz. Sie stellt Trauernde in die Gemeinschaft der Menschen und in die Gemeinschaft mit Gott. Dankbarkeit nimmt dem Tod die Spitze der absoluten Vereinsamung und Sinnlosigkeit, indem sie auf das verweist, was gut war und der Tod nicht zerstören kann. Es kann in der Seelsorge hilfreich sein, mit Trauernden über das Geschenk zu sprechen, das der Verstorbene war, und über schöne und lebensfrohe Erfahrungen, die der Trauernde mit dem Verstorbenen gemacht hat.

In einem psychiatrischen Krankenhaus kommt eine junge Frau in die Seelsorge, die vor einigen Jahren ihre Mutter durch Suizid verloren hat und seitdem unter Schuldgefühlen und im Moment unter einer akuten Depression leidet. In der seelsorglichen Begegnung sprechen Seelsorger und Patientin lange über das Leben und den Suizid der Mutter. Der Seelsorger sagt irgendwann, dass bei ihm das Gefühl ankomme, dass die Mutter ihre Tochter sehr geliebt habe und auch die Tochter ihre Mutter sehr liebe. Er empfindet diese Aussage durchaus als Wagnis, denn sie könnte den Schmerz der jungen Frau über den Verlust der Liebe der Mutter wieder aufreißen. Aber es geschieht etwas anderes: Die Trauernde sagt: »Ja, da haben Sie recht. Mir fällt gerade auf, dass diese Liebe ein riesiges Geschenk ist.« Sie erkennt die Liebe der Mutter als eine Kraft, die sie in ihrer Trauer trägt und erfüllt.

Ist der Seelsorger unsicher, ob er den Aspekt der Dankbarkeit andeuten soll, weil er befürchtet, zu großen Schmerz auszulösen, kann er seine Unsicherheit auch thematisieren, was bedeutet, auf die Resilienz von Trauernden zu vertrauen.

Zur weisheitlichen Haltung von Seelsorge gehört das Wissen des Seelsorgers, dass er selbst grundsätzlich von Tod und Trauer betroffen ist und jederzeit akut davon getroffen werden kann. Ps 90, 12 beschreibt dies als Grundhaltung von Menschen überhaupt. »Lehre uns bedenken, dass wir sterben müssen, auf dass wir klug werden« (Lutherübersetzung, 2017). »Lehre uns, unsere Tage zu zählen, damit wir ein weises Herz erlangen« (Bibel in gerechter Sprache).

6 Schuld in der Trauerseelsorge

Reale Schuld, realistische und unrealistische Schuldgefühle beschäftigen Trauernde oft in großem Maße. Der Tod stellt einen irreversiblen Zustand her. Solange ein Mensch, mit dem man einen Konflikt hat, noch lebt, hat man die Möglichkeit, den Konflikt zu klären und zu bereinigen, oder, falls diese Möglichkeit nur noch theoretisch existiert, kann man zumindest die Phantasie hegen, irgendwann einmal den Konflikt klären und bereinigen zu können. Mit dem Tod ist auch diese Phantasie nicht mehr möglich. Die Verletzungen, die man dem Verstorbenen zugefügt hat, können mit ihm nicht mehr besprochen werden. Auch die Verletzungen, die der Verstorbene einem selbst zugefügt hat, kann der Verstorbene nicht mehr ansprechen. Die Schuld am Verstorbenen und die Schuld des Verstorbenen sind irreversibel. Vergebung zwischen Lebenden und Verstorbenen ist zumindest durch eine reale Begegnung nicht mehr möglich.

Eine junge Frau kommt zu einem Seelsorger und erzählt, dass sie auch viele Jahre nach dem Suizid ihrer Mutter noch unter Schuldgefühlen leide, Depressionen habe und täglich an ihre Mutter und die Schuld ihr gegenüber denke. Sie sei als Mädchen oft unachtsam gegen ihre Mutter gewesen, habe sie oft absichtlich provoziert, sie auflaufen lassen, sie in ihrer Depression nicht ernst genommen, sie öfter belogen, auch angeschrien und beschimpft. Irgendwann habe die Mutter Suizid begangen und sie habe das Gefühl gehabt, jetzt ganz allein auf der Welt zu sein.

Der Seelsorger lädt die Frau ein, von ihrem Verhältnis zu ihrer Mutter und von ihrer Schuld zu erzählen. Es zeigt sich, dass die junge Frau als Kind ihre Mutter sehr geliebt hat und auch heute noch liebt. In der Seelsorge entdeckt die Frau, dass sie zwischen realer Schuld gegenüber ihrer Mutter, die bei ihr minimal ist, und unrealistischen Schuldgefühlen, die sie an ihre Mutter binden und als Zeichen ihrer Liebe fungieren, unterscheiden kann. Die reale Schuld begrenzt sich auf Bosheiten und Verletzungen durch ein Kind und junges Mädchen, die nicht außergewöhnlich sind und als Ausdruck von Ausprobieren und Pubertät verstanden werden können. Diese Erkenntnis ist für die Frau sehr erleichternd. Sie kann die unrealistischen Schuldgefühle als Modus erkennen, die Mutter und die Vergangenheit festzuhalten und den Schritt ins Dasein einer selbstständigen, erwachsenen Frau zu vermeiden oder abzuschwächen. Sie erkennt, dass der Suizid der Mutter eine den Status quo festschreibende Funktion einnimmt und extrem überfordernd auf die Tochter wirkt. Die junge Frau erkennt auch, dass ihre Schuldgefühle eine paradoxe Übernahme der Schuld sind, die die Mutter ihrer Tochter durch ihren Suizid aufgeladen hat.

Neben den Gesprächen ist ein Ritual in der Kirche ein weiterer wichtiger Schritt. Die junge Frau stellt ein Bild ihrer Mutter auf den Altar und kann in einem spirituellen Raum, den der Seelsorger durch ein Gebet eröffnet, ihrer Mutter alles sagen, was sie quält und beschäftigt. Durch seine Anwesenheit schafft der Seelsorger den Halt, den die Frau braucht. Nach dem Gespräch mit der Mutter fühlt sich die junge Frau erlöst von der kleinen und unumgänglichen Schuld und erleichtert von den unrealistischen Schuldgefühlen. In Liebe bleibt sie mit ihrer Mutter verbunden.

An diesem Beispiel wird deutlich, dass sich bei Menschen realistische Schuldgefühle (Schuldgefühle, die sich auf eine reale Schuld beziehen) und unrealistische Schuldgefühle (Schuldgefühle, die in keinem angemessenen Verhältnis zur realen Schuld stehen oder gar keine reale Schuld als Ursache haben) oft vermischen und überlappen. Es bedeutet dann eine große Hilfe, die Art der Schuldgefühle zu klären. Grundsätzlich kann man sagen, dass die Antwort in der Seelsorge auf reale Schuld und daraus resultierende Schuldgefühle im Zuspruch der Vergebung besteht und die Antwort auf unrealistische Schuldgefühle in seelsorglichen Gesprächen besteht, die den Gründen für die unrealistischen Schuldgefühle nachgehen und sie ins Bewusstsein bringen.

Das Sprechen über Schuld und Schuldgefühle wird von Trauernden oft als ein Tabu empfunden. »Über Tote soll man nichts Schlechtes sagen« heißt ein Sprichwort, das alle schlechten Erfahrungen mit Toten und auch alle Schuld der Toten in ein Schweigegelübde für Lebende bindet. Wenn ein Trauernder über Schuld spricht, die der Verstorbene an ihm hat, dann spreche er »schlecht« über den Toten und begehe damit ein Sakrileg, das die Gesellschaft und womöglich auch Gott verurteile. Es gilt in der Seelsorge, dieses Tabu anzusprechen und deutlich werden zu lassen, dass es beim Sprechen über Verstorbene nicht darum geht, sie schlecht zu machen, sondern das eigene Verhältnis zu ihnen zu klären und Raum für Trauer zu schaffen.

Wenn ein Trauernder Schuld an einem Verstorbenen auf sich geladen hat, wirken umgekehrt ebenfalls Tabus. Dann können die Scham über sich selbst und die Vorstellung, Geschehenes sei irreversibel geschehen und durch den Tod endgültig geworden und es sei deshalb sinnlos, darüber zu sprechen, zum Schweigen verurteilen.

Aber die Schuld der Toten ist da und wirkt und die Schuld und Schuldgefühle der Trauernden sind da und wirken. Deshalb brauchen sie Raum, um angesehen und gewürdigt zu werden. Die Vergebung von Schuld und das Bewusstwerden und Klären von Schuldgefühlen machen frei von Lasten, die Menschen von ihrem eigenen Leben abhalten, und befreien von Gefühlen der Entfremdung und quälenden inneren Internalisierungen und Besetzungen.

Seelsorge ist ein besonders gut geeigneter Raum für Trauernde, um Schuld in Bezug auf Verstorbene anzusprechen, weil Bibel und Theologie große Kompetenzen im Umgang mit Schuld haben. Schuld steht im Rahmen der Seelsorge immer im Bezug zum Größeren, zu Gott, der Schuld vergeben kann und Menschen hilft, Schuld zu vergeben.

In der Trauerseelsorge ist es im Zusammenhang mit Schuld wichtig, um die juristische und psychologische Dimension von Schuld zu wissen. Daher wird im Folgenden ein kurzer Überblick über die Bewertung und den Umgang mit Schuld in Rechtswissenschaften, Psychologie und Theologie mit Schwerpunkt auf letzterer gegeben.

Schuld in den Rechtswissenschaften

In juristischer Sicht setzt Schuld Einsichts- und Steuerungsfähigkeit voraus. Ein Mensch muss einsehen können, dass er Unrecht tut, und die Freiheit haben, anders zu handeln (Sucht- und psychische Erkrankungen tragen zur Aufhebung der Schuldfähigkeit bei). Ist das der Fall, wird die Schuld nach dem Strafgesetzbuch bemessen und mit Strafe beantwortet. Ist dies nicht der Fall, liegt im juristischen Sinn keine Schuld vor.

Schuld in der Psychologie

Psychologisch gesehen ist die Unterscheidung zwischen Schuldgefühlen ohne reale Schuld und Schuldgefühlen aufgrund von realer Schuld bedeutsam. Nicht allen Schuldgefühlen liegt reale Schuld zugrunde und nicht jede reale Schuld bereitet Menschen Schuldgefühle. Auch stellt sich die Frage nach dem rechten Maß von realer Schuld und damit zusammenhängenden Schuldgefühlen. Freud spricht von adäquaten (in einem erkennbaren Zusammenhang zu einer schuldhaften Tat stehenden) und inadäquaten bzw. neurotischen (Schuld bagatellisierenden oder übertreibenden) Schuldgefühlen. Zu Schuldgefühlen gehören Angst (z. B. vor Strafe oder dem Verlust von Anerkennung und Liebe u. a.), Reue, Wut, Gewissensbisse, Selbstvorwürfe und depressive Verstimmungen. Sie können extrem belastend sein und sind (im Fall von Adäquatheit) als Verarbeitung von Schuld zu deuten. Im Fall von Inadäquatheit sollten Schuldgefühle in der Seelsorge als solches deutlich gemacht und benannt werden. Es ist zum Beispiel sinnvoll, zu fragen: Welche Bedeutung haben die (inadäquaten) Schuldgefühle? (z. B. Verbleiben in Unselbstständigkeit, Bindung an die Eltern oder die Ehe, Schutz davor, sich dem aktuellen, gegenwärtigen Leben zuzuwenden).

Die Schuldgefühle im Beispiel der oben genannten jungen Frau könnten zum Beispiel die Funktion gehabt haben, sie im Zustand einer Pubertierenden festzuhalten und vor der Hinwendung an sich selbst als erwachsene Frau, die Verantwortung für ihr Leben und ihre Entscheidungen übernehmen muss, zu schützen.

Schuldgefühle haben auch positive Funktionen: Sie können beispielsweise als Motivation dienen, die eigene Haltung zu einem bestimmten Lebensmotiv oder -ereignis zu verändern, als Warnsignal dabei helfen, geschehene Verletzungen nicht zu wiederholen oder als Motivation fungieren, geschehene Verletzungen wiedergutzumachen.

In der Trauer haben Schuldgefühle oft die Funktion, in der unbeherrschbaren, übermächtigen, Chaos auslösenden Situation des Verlustes das Gefühl von Kontrolle zu geben. »Wenn ich das und das gemacht hätte, dann wäre meine Frau wahrscheinlich nicht gestorben« – solche Gedanken verschaffen Trauernden das Gefühl von Handlungshoheit, die sie durch den Tod des Angehörigen verloren haben und de facto nicht mehr besitzen und – zumindest wenn es um Leben und Tod geht – auch niemals besessen haben. Schuldgefühle erlauben es Trauernden, sich vor der Erkenntnis zu schützen, dass Geschehnisse einfach geschehen und sich Grund und Sinn oft verschließen, nicht erkennbar oder schlicht nicht vorhanden sind.

Schuldgefühle können für Trauernde auch die Funktion haben, die Beziehung zum Verstorbenen zu wahren und zu halten. Schuldgefühle gehen oft mit einer intensiven Bindung einher, die es erlaubt, täglich viele Male den Kontakt zum Verstorbenen herzustellen und zu erleben. Vielleicht befürchtet ein Trauernder, dass er gar keine Verbindung mehr zum Verstorbenen hat, wenn er die Schuldgefühle ihm gegenüber aufgibt – und die Schuldgefühle dienen dazu, dieser Befürchtung oder Erkenntnis (denn es könnte ja tatsächlich so sein) auszuweichen.

Eine weitere Bedeutung gewinnen Schuldgefühle für Trauernde, indem sie ihnen dazu dienen, die Ordnung ihrer Welt, die vollkommen zerstört ist, wiederherzustellen. Schuldgefühle liefern vermeintlich eine Erklärung für Unerklärbares und Chaotisches und schützen so vor der unerträglichen Einsicht, dass der Tod keiner Ordnung folgt und alle Ordnung durchbricht. Schuld schafft Ordnung, weil sie Kausalität herstellt, und Schuldgefühle docken an diese Dynamik an.

Schuld in der Theologie

Kirchliches und theologisches Sprechen über Schuld ist selbst schuldbelastet. Die Kirchen haben Lehre, Verkündigung, Seelsorge und Diakonie über viele Jahrhunderte hindurch benutzt und missbraucht, um Menschen Schuldbewusstsein einzureden und für den Zuspruch des Evangeliums und die Sündenvergebung empfänglich zu machen. Dies hat Menschen klein gemacht und sie in ihrer Lebendigkeit und in ihrem Glauben beschädigt. Als Reaktion auf diesen Missbrauch der Verkündigung sind viele Seelsorger sehr vorsichtig geworden, Schuld in der Seelsorge zu thematisieren, und neigen dazu, wenn jemand von Schuld spricht, dies abzuschwächen im Sinne von »Jeder Mensch wird im Lauf seines Lebens schuldig«. Aber es gibt Trauernde, die reale Schuld an Verstorbenen haben und diese auch empfinden, und es gibt Trauernde, an denen Verstorbene reale Schuld haben, worunter die Trauernden leiden. Hier ist es sinnvoll und angemessen, wenn der Seelsorger der Schuld nicht ausweicht oder sie ins Allgemeine kehrt, sondern sie benennt und sich mit dem Trauernden auf den Weg der Vergebung macht. Vergebung ist ein langer und oft schwieriger Prozess, aber sie ist der einzige Weg für Betroffene, weniger unter den Verletzungen zu leiden und vielleicht frei vom Leiden durch die Verletzungen zu werden. Vergebung befreit, weil sie die Bindung an den Täter löst.

Schuld ist ein biblisches Grundthema. Schon auf den ersten Seiten der Bibel wird Schuld thematisiert. In mythischen Erzählungen wird der Mensch als Wesen beschrieben, zu dem die Fähigkeit zu Schuld als Element seiner Geschöpflichkeit gehört. Er ist mit der Freiheit ausgestattet, seine ursprüngliche Verbindung mit Gott zu gefährden und aufzulösen, und nutzt diese Freiheit. Diesen grundsätzlichen Bruch erzählt das Buch Genesis im dritten Kapitel mit der Geschichte von Adam und Eva, die vom Baum der Erkenntnis essen. Im darauffolgenden vierten Kapitel des Buches Genesis wird die Konkretion der ursprünglichen Schuld erzählt, der Mord von Kain an seinem Bruder Abel. In der theologischen Lehre werden diesen beiden Erzählungen zwei Begriffe zugeordnet: Peccatum originale und Peccatum actuale. Peccatum originale beschreibt die strukturelle Sünde, das Geprägtsein des Lebens von Sünde als Getrenntsein von Gott, die Vorfindlichkeit des Bruchs zwischen Mensch und Gott. Struktursünde heißt: Menschen kommen aus schuldhaften Zusammenhängen nicht heraus und werden in schuldhafte Zusammenhänge hineingeboren. Peccatum actuale beschreibt die Tatsünden, die Handlungen der Sünde, die Entscheidungen zu sündhaften Taten, die zweite Tafel der zehn Gebote: Stehlen, Ehebrechen, Töten – eben Taten, nicht Sein.

In biblischer Perspektive wird von Schuld als Sünde gesprochen, wobei der Begriff der Sünde die Beziehung zu Gott beschreibt. Sünde ist biblisch eine Störung und Schädigung des Verhältnisses, das der Mensch zu Gott hat. Der Mensch ist, biblisch gesehen, sowohl in seinem Sein als auch in seinem Handeln in seinem Verhältnis zu Gott im Unreinen, er hat grundsätzlich etwas zerstört und stört es weiterhin. Diese vertikale Dimension, die Beziehung zu Gott, beschreibt das Wort »Sünde«. Nun gibt es Theologen, die heute gänzlich davon abraten, den Begriff der Sünde noch zu verwenden, weil er zu stark moralisiere und seinem eigentlichen Sinn ganz und gar entfremdet sei. In der Seelsorge ist es nicht wichtig, ob der Begriff der Sünde verwendet wird, vielmehr ist wichtig, dass der Seelsorger die Dimension im Blick hat, die das Wort »Sünde« meint. Schuld ist nie nur eine Störung in der Beziehung zwischen Menschen, sondern immer auch eine Störung im Verhältnis von Menschen zu Gott. Die spirituelle Dimension von Schuld im Blick zu haben, ist eine wesentliche Aufgabe des Seelsorgers, wenn es in der Seelsorge um Schuld geht.

Eine Frau erzählt in der Seelsorge von sexueller Gewalt, die sie als Heranwachsende durch den eigenen Vater erleiden musste. Sie leidet unter Depressionen und einer histrionischen Persönlichkeitsstörung und hat bereits Hilfe in psychiatrischen Krankenhäusern in Anspruch genommen. Nachdem ihr Vater verstorben ist, rät ihr eine Psychologin, bei der sie in Behandlung ist, Kontakt mit einem Seelsorger aufzunehmen. Die Frau kommt ohne feste Zielsetzung in die Seelsorge, einfach nur, weil sie wegen ihrer Trauer um den Vater große Verwirrung empfindet und den Rat der Psychologin für seriös hält. Die Frau kann einerseits ihre Trauer nicht leugnen und hält sie auch ein Stück weit für angemessen, andererseits macht sie sich Vorwürfe, weil sie nicht verstehen kann, wie sie um einen Menschen, der ihr solche Gewalt und Erniedrigung angetan hat, trauern kann. Der Seelsorger sagt, vielleicht helfe es ihr, zu wissen, dass Gott den Täter richte, das heißt, dass die Gewalttaten vor Gott nicht unbeantwortet, nicht ohne Resonanz bleiben. Gott sehe die Menschen an, er sehe auch die Toten an. Dann sagt der Seelsorger, dass die Frau vor Gott mehr sei als das Opfer sexueller Gewalt und viele andere Seiten und Dimensionen ihrer Person lebendig seien und dass Gott die Kraft habe, diese Seiten in ihr zu wecken. Bei dieser Aussage lächelt die Frau. Als sie der Seelsorger fragt, warum sie lächle, sagt sie, das sei schön, die Aussage mit den lebendigen Seiten. Sie spüre die Lebendigkeit, aber irgendwie sei sie doch innerlich gelähmt und so außer sich. Auch die Aussage, dass Gott den Täter richte, interessiert die Frau. Sie wiederholt sie später im Gespräch und sagt, die Vorstellung, dass Gott über die Taten nicht hinwegsehe, sondern hinsehe, helfe ihr. Ein Zugang zu ihrer Trauer entsteht, indem sie erkennt, dass ihre Trauer auch eine Trauer um die Idealgestalt des Vaters ist, um die Funktion des Vaters als Beschützenden und Sicherheit Gebenden, eben als im guten Sinne Väterlichen.

An diesem Beispiel wird deutlich, dass es sinnvoll ist, nicht zu schnell von Vergebung zu sprechen, wenn von Schuld die Rede ist. Schuld muss zuerst wahrgenommen und in ihrer Schwere und Tragweite benannt werden, bevor sich ein Mensch auf den Weg der Vergebung machen kann. Wenn die Schuld benannt ist, öffnen sich bisher unbekannte Dimensionen der Erfahrung und Deutung. Die Vorstellung, dass Gott die Schuld ihres Vaters nicht übergeht, sondern sieht, wiegt und auf sie reagiert, ermöglichte der Frau die Erkenntnis, dass ihre Trauer auch etwas mit der Erfahrung zu tun hatte, nie einen guten, liebevollen Vater gehabt zu haben – und der Sehnsucht nach einer solchen archetypischen Gestalt und dem Abschied von dieser Sehnsucht.

Theologisch muss Schuld nicht verdrängt, versteckt oder geleugnet werden, weil es einen Adressaten außerhalb der Schuld gibt. Gott ist größer als die Schuld. Schuld kann in der Seelsorge benannt werden, weil sie in Bezug zu Gott steht, der sie begrenzen und vergeben kann. Theologisch steht Schuld immer im Horizont von Vergebung. Dieser Satz wurde und wird zwar oft in diesem Sinne gedeutet: »Wenn Schuld sowieso vergeben wird, dann muss man sie auch nicht ernst nehmen und kann gleich zur Vergebung kommen.« Eigentlich ermöglicht der Satz aber erst die klare Benennung von Schuld, weil sie ihren Anschein von Übermächtigkeit verliert. Theologie trägt daher zur Schuldfähigkeit von Menschen bei und wahrt zugleich den unerklärbaren Aspekt von Schuld, ihren Geheimnischarakter, etwa warum der Eine schuldig wird und ein Anderer nicht und wie schuldhaftes Handeln entsteht – nicht alles kann erklärt werden und nicht alles muss erklärt werden können. Schuld hat etwas Irreversibles und Unerklärbares. Das Unbegreifliche (das gerade bei Schuld wirksam ist) bleibt unbegreiflich.

Zum Umgang mit Schuld

Schuld hat eine Dimension, die in der Welt bleibt. Die Kraft der Vergebung kann zwar weiteres und neues Leben für Täter und Opfer ermöglichen, aber beide bleiben doch vom schuldhaften Handeln gezeichnet. Grundlage des Umgangs mit Schuld ist theologisch und psychologisch die Trennung von Person und Handeln. Der Täter ist mehr als seine Tat, die er getan hat. Das Opfer ist mehr als die Tat, die es erlitten hat. Theologisch gilt der Grundsatz: Gott verurteilt die böse Tat, nicht den Täter.

In der christlichen Theologie hat sich der Dreischritt von Contritio cordis (»Zerknirschung des Herzens«, Reue), Confessio oris (»Bekenntnis des Mundes«, Aussprechen, Dazu-Stehen) und Satisfactio operis (»Wiedergutmachung durch Werke«) entwickelt. Schuld muss aufrichtig wahrgenommen und benannt werden und der Täter muss sich irgendwie zu seiner Schuld verhalten. Die evangelische Tradition hat die Satisfactio operis unter dem Aspekt der Beeinflussung Gottes durch gute Werke im zeitgenössischen Kontext des Ablasshandels als eigenen Schritt zur Vergebung verneint und in die Confessio oris integriert. Die Satisfactio operis ist Dank für die empfangene Vergebung. Ein Verhalten, ein Handeln oder ein Tun muss Zeichen des Umgangs mit Schuld sein.

Rituale gehören zum Umgang mit Schuld, das zeigt die bleibende Bedeutung von Gottesdiensten, der Beichte und freier Rituale. Sie stellen Menschen in einen überindividuellen Zusammenhang und entpersönlichen die Begegnung, womit Raum für die Dimension von Schuld und Vergebung entsteht. In diesem Buch gibt es ein eigenes Kapitel zum Thema Rituale (S. 84 ff.).

In der Klinikseelsorge kann es für Trauernde hilfreich sein, gemeinsam mit dem Seelsorger in die Klinikkirche oder -kapelle zu gehen und dort ein Ritual zu vollziehen. Das Ritual kann frei gestaltet sein, aber auch die klassische Form eines Gebets, einer Meditation oder der Beichte haben. Die Imaginationen (Phantasiereisen), die Roland Kachler in seinem Buch »Hypnosystemische Trauerbegleitung« (2017) beschreibt und die sich als große Hilfe für den Trauerprozess erwiesen haben, kann man in der Seelsorge in ein Ritual in der Klinikkirche oder -kapelle gut integrieren. Man kann mit Trauernden abklären, in welchem

Maße sie die spirituelle Dimension des Rituals ausgesprochen und benannt haben möchten. Bei Menschen, die keinen expliziten Bezug zu Glauben und Spiritualität haben, kann es sinnvoll sein, sie zu fragen, ob der Seelsorger ein Gebet sprechen solle oder ob dies zu viel sei. Trauernde sagen in der Regel klar, was ihnen gut tut und was nicht. Falls die spirituelle Dimension des Rituals nicht explizit benannt werden soll, ist sie immer noch implizit in der Gestalt gegenwärtig, dass der Trauernde den Seelsorger angesprochen hat und den Gottesraum als Ort für das Ritual akzeptiert, zudem repräsentiert der Seelsorger qua Auftrag die geistliche Dimension.

Die Aufforderung, von Schuld zu erzählen, ist grundsätzlich sinnvoll, weil das Erzählen der Bewusstwerdung und der Verarbeitung dient. Seelsorge bietet sich als Raum für Erzählen an, weil sie unter der Schweigepflicht des Seelsorgers und in der Gegenwart Gottes geschieht, der mit seiner Liebe und Güte den Raum als von Akzeptanz und Wahrhaftigkeit geprägten Raum bestimmt. Nicht selten ist Seelsorge jene Gelegenheit, an denen Menschen zum ersten Mal über Schuld sprechen und sich ihr ausführlich zuwenden. Zugleich ist immer zu bedenken, dass Erzählen auch triggernd und retraumatisierend wirken kann. Hier sind Feingefühl und Vorsicht angebracht.

Schuld und Suizid

In der Trauer von Menschen, die einen An- und Zugehörigen durch Suizid verloren haben, ist Schuld oft ein großes Thema. An- und Zugehörige fühlen sich schuldig, weil sie die Vorzeichen des Suizids nicht gesehen hätten, weil sie die Vorstellung haben, dass sie den Suizid hätten verhindern können, weil sie die Gründe für den Suizid in ihrer Beziehung zum Suizidanten verorten und anderes mehr. Oft werden solche Empfindungen ausgesprochen oder unausgesprochen durch die Umwelt verstärkt im Sinne von: »Der Suizidant wird schon seine Gründe gehabt haben«, »Da muss doch irgendwas falsch in der Familie gelaufen sein.« Oder der Suizidant wird ausschließlich als Opfer verstanden und beschrieben. An- und Zugehörige von Suizidanten sind oft einer großen Hilflosigkeit ausgesetzt, weil sie von ihren unrealistischen und realistischen Schuldgefühlen überwältigt werden. Sie haben es sehr schwer, sich innerlich zu ordnen. In der gesellschaftlichen Beurteilung von Suizid hat sich eine markante Veränderung ereignet: Wurde der Suizid früher moralisch und religiös verurteilt, neigt man heute dazu, den Suizidanten fast ausschließlich empathisch als Opfer zu sehen. In der Seelsorge ist es wichtig, gesellschaftliche Stereotype zu Suizid nicht zu wiederholen, sondern genau zwischen realer Schuld sowie realistischen und unrealistischen Schuldgefühlen zu differenzieren und genau hinzusehen, wozu zum Beispiel unrealistische Schuldgefühle dienen.

Ein Mann erzählt einem Seelsorger, dass er seinen Bruder durch Suizid verloren habe. Er sei wütend auf den Bruder, weil er dessen Suizid als Flucht vor Schwierigkeiten und als Verachtung des Lebens empfinde. Er sagt, er könne nirgendwo über seine Wut sprechen, weil die Zuhörer stets mit Verständnis für den Bruder reagierten. Er erzählt, dass er kurz nachdem er die Nachricht vom Suizid des Bruders erhalten habe, in einer Gruppe von Bekannten davon gesprochen habe, wie abscheulich er den Suizid empfinde. Der Bruder habe aus Feigheit Suizid begangen und die kranke Mutter und ihn allein gelassen. Er vermutet zudem, dass der Bruder aus dem Leben geschieden sei, weil er aus Altersgründen seinen ausschweifenden Lebensstil nicht mehr beibehalten konnte.

Mit seinen Äußerungen sei er auf Unverständnis gestoßen. Man habe ihm vorgeworfen, seinen Bruder zu verurteilen und seine Not nicht zu sehen. Nach dem Gespräch habe eine Frau, die zur Gruppe gehörte, zu ihm gesagt, dass sie ihn gut verstehen könne. Vor einigen Jahren habe ihr Ehemann Suizid begangen. Sie habe den Suizid genauso erlebt wie er den Suizid seines Bruders.

Der Mann will die Meinung des Seelsorgers hören. Er findet, dass sein Bruder große Schuld auf sich geladen habe, Schuld an seiner Mutter, Schuld an ihm als Bruder, Schuld am Leben, Schuld an Gott. In mehreren Gespräch macht sich der Seelsorger mit dem Mann auf den Weg, auf dem die Schuld des Suizidanten benannt und anerkannt wird. Dies macht den Mann frei von der Bindung an die Schuldzuweisung. Es gelingt ihm, die tatsächliche Not des Bruders zu erkennen, die zum Suizid geführt hat, und er kann wieder andere Seiten im Verhältnis zu seinem Bruder wahrnehmen, die die Fixierung auf die Schuld verdeckt hat.

7 Rituale

Rituale haben zwei grundsätzliche Bedeutungsebenen: Sie gestalten den Alltag von Menschen und sie gestalten zentrale Übergänge im Leben von Menschen. Zu Ritualen gehören Symbole, weil Symbole offen für Deutungen sind und das Potenzial haben, das Leben in einen größeren Sinnzusammenhang zu stellen und so Sinn herzustellen. Rituale sind durch Handlung (und deren Deutung) geprägt. Sie geben einem Geschehen, das man noch nicht recht fassen kann, einen Raum, in dem es gestaltet und gelebt wird. In diesem Raum wird das, was noch nicht fassbar ist, fassbar.

Man kann Rituale unterscheiden in individuelle, dem Alltag von Menschen sinngebende Rituale und in gemeinschaftliche, gesellschaftliche und religiöse Rituale.

Alltagsrituale

Alltagsrituale unterscheiden sich von Gewohnheiten durch ihre Offenheit für die Sinndimension des Lebens. Gewohnheiten sind Vorgänge, die der Funktionalität des Alltags dienen, und gehen in ihrer Funktion und Zweckdienlichkeit auf. Rituale dienen hingegen nicht einem bestimmten Zweck, sondern öffnen einen Raum für die Deutung des Lebens. Eine gemeinsame Mahlzeit am Familientisch ist mehr als die Aufnahme von Nahrung, um die Funktionstüchtigkeit des Körpers zu wahren. Sie stellt Gemeinschaft her und dar und macht Zusammengehörigkeit erlebbar. Wenn Trauernde einen Verstorbenen jeden Sonntag an seinem Grab besuchen, handelt es sich um ein Ritual. Es stellt Wirklichkeit her, indem es den Verstorbenen ins Leben des Trauernden einbezieht. Ein Ritual ist auch, wenn eine trauernde Frau jeden Tag, bevor sie sich an den Mittagstisch setzt, eine Kerze vor dem Bild ihres verstorbenen Ehemanns anzündet. Die Kerze, das Licht, symbolisiert, dass der Verstorbene in seiner Frau lebendig und gegenwärtig ist.

Trauerseelsorge kann mit Trauernden Rituale, die sie schon im Alltag praktizieren, als solche entdecken und bewusst machen und sie kann mit Trauernden neue Alltagsrituale entwickeln, die die Beziehung zum Verstorbenen gestalten und Halt geben. Alltagsrituale verbinden Trauernde miteinander. Gemeinsam auf den Friedhof zu gehen lässt einen Raum entstehen, in dem man miteinander sprechen und gemeinsam Erinnerungen austauschen kann.

Ein Trauernder erzählt, dass er jeden Abend seiner verstorbenen Frau eine gute Nacht wünscht, und äußert in der Seelsorge Verunsicherung darüber, ob das normal sei. In der Seelsorge wird ihm die Handlung als Ritual bewusst, die Sinn macht, weil sie seine verstorbene Frau in ihm lebendig hält und als Ausdruck seiner Verbundenheit mit ihr dient. Der Gute-Nacht-Wunsch hat auch eine spirituelle Dimension, denn er bedeutet: So Gott will, wachen wir morgen wieder auf. Die Verstorbene wacht zwar nicht mehr auf, aber der Gute-Nacht-Wunsch legt sie Gott ans Herz und übergibt sie der Geborgenheit in Gott.

Eine Trauernde erzählt, dass sie mit ihrem Ehemann gern am Rhein spazieren gegangen ist, wenn sie wichtige Themen besprechen wollten. Die Seelsorgerin regt die Trauernde an, dies als Ritual beizubehalten und einmal in der Woche an den

Rhein zu gehen und dort die Verbundenheit mit ihrem verstorbenen Ehemann zu leben. Die Trauernde leidet darunter, dass sie permanent an den Verstorbenen denkt und den Schmerz seiner Abwesenheit kaum aushalten kann. Durch das Ritual des Spaziergangs bekommt der Schmerz einen Ort und damit eine Begrenzung.

Religiöse Rituale

Es gibt säkulare und kulturelle Rituale, die der Stiftung von Gemeinschaft und Sinn dienen, aber auf einen Bezug zur Transzendenz verzichten. Sie sind entweder aus religiösen Ritualen entstanden oder von religiösen Ritualen beeinflusst. Ein säkulares Ritual ist zum Beispiel der regelmäßige Besuch eines Fußballspiels am Samstagnachmittag.

Religiöse Rituale haben einen Bezug zur Transzendenz und Gott. Sie gestalten hauptsächlich Übergänge. Das Abendmahl dient dem Übergang von Gott und Mensch, der Teilhabe aneinander. Der Mensch nimmt Gott symbolisch in sich auf. Die Taufe dient dem Übergang von der Zugehörigkeit zur schutzlosen, säkularen zur behütenden, religiösen Welt und dem Übergang von alter Wesenheit in eine neue Wesenheit. Konfirmation und Firmung dienen dem Übergang in die Erwachsenenwelt.

Rituale in der Trauerseelsorge

In der Trauer geht es um Übergänge und in Übergängen ist das Leben immer gefährdet. Der Tod des Verstorbenen muss realisiert werden. Die Familie muss sich nach dem Verlust eines Mitglieds neu finden. Trauernde müssen die Wandlung der Beziehung zum Verstorbenen zu einer inneren Beziehung vollziehen.

Trauer bedeutet auch eine Veränderung im Selbstverständnis des Trauernden. In der Trauerseelsorge können diese Übergänge mit Ritualen gestaltet werden.

Eine Seelsorgerin begleitet einige Wochen lang einen Mann, der an Lungenkrebs sterben wird. Als die palliative Sedierung ansteht, wünscht er sich an Karfreitag eine Kommunionfeier zusammen mit seiner Frau. In der Feier regt die Seelsorgerin das Ehepaar an, sich gegenseitig zu segnen. Das Ehepaar nimmt die Anregung auf und spendet sich gegenseitig den Segen. Die innige Beziehung zwischen beiden wird spürbar. Zugleich wird deutlich, dass sie sich mit diesem Segen voneinander verabschieden. Am Ostersonntag wird die Seelsorgerin gerufen, weil der Mann verstorben ist. Alle fünf Kinder sind anwesend, auch die Ehefrau. Wieder gibt die Seelsorgerin in der Aussegnung die Anregung, dass die Kinder und die Ehefrau dem Verstorbenen den Segen geben sollen. Beeindruckend ist, dass die Kinder das Symbol des Segens für sich gestalten, indem sie ihrem Vater nicht die Hand auf die Stirn legen oder an den Händen berühren, sondern ein Kreuzzeichen auf den Thorax (Brustkorb) machen.

Funktionen von Ritualen

Rituale schaffen einen Raum, in dem starke Gefühle gelebt werden können, ohne dass sie überwältigen. Der Abschied voneinander hätte nicht gefeiert werden können, wenn nicht der Ausdruck der schmerzhaften Gefühle vom Ritual sowohl ermöglicht als auch gehalten worden wäre.

Rituale binden in eine größere Gemeinschaft ein und wirken so entlastend. Ein Mensch merkt im Ritual, dass das, was ihm passiert, nicht ihm allein passiert, sondern vielen anderen Menschen auch. Die eigene Erfahrung wird in die Erfahrungen aller Menschen eingeordnet und eingebettet. Im Ritual spüren alle Beteiligten, dass Sterben ein Teil des Menschseins ist. Man kann in das Erfahrungswissen der Menschheit einstimmen und muss es nicht eigens für sich selbst neu formulieren.

In Segen, Kommunionfeier und Karfreitag hat das Ehepaar Teil an der Gemeinschaft der Glaubenden.

Alle am Ritual Beteiligten partizipieren an den Grunderfahrungen des Menschseins wie Bedrohtsein, Endlichkeit, Scheitern oder Schuld. Das Ritual begeht diese Grunderfahrungen und macht die Allgemeinheit der Erfahrung wie auch die Partizipation an ihr durch symbolisches Handeln bewusst.

Der Segen ermöglicht es dem Ehepaar, das Sterben des Mannes und den Abschied anzunehmen.

Durch Rituale können Menschen Kraft für Übergänge schöpfen. Das Sakrament in Brot und Wein gilt als Wegzehrung. Es gibt Kraft durch die Teilhabe an Jesus Christus.

Rituale verleiblichen. Sie schaffen Realität, indem sie handeln, den Übergang vollziehen und den Menschen als Körper, Seele und Geist ansprechen.

Im Segen des Ehepaars vollziehen Mann und Frau den Abschied voneinander leibhaftig. Sie reden nicht darüber, dass sie irgendwann einmal Abschied nehmen müssen, sondern der Abschied geschieht jetzt. Sie berühren sich im Segen. So nehmen sie Abschied.

Rituale schaffen Struktur. Das Chaos der Gefühle bekommt einen Rahmen und das Unsagbare und Überwältigende bekommen vom Ritual einen Platz zugewiesen. Das Ritual ordnet das Geschehen in einen größeren Sinnzusammenhang ein.

Die Kommunionfeier hat eine feste Ordnung, in der die Abschiedsgefühle und die Stärkung ihren bestimmten Platz haben. Das Unsagbare findet seinen Platz im Ritual selbst. Jedem war klar, dass dies ein Abschiedsritual war, aber niemand sprach es aus. Der Abschied wurde einfach vollzogen und in den biblischen Texten und Gebeten gedeutet.

Elemente von Ritualen

Symbole gehören zu jedem Ritual dazu. Symbole leben von ihrer Vieldeutigkeit. Jeder, der am Ritual teilnimmt, kann in die Symbole individuelle Bedeutung hineinlegen. Symbole leben auch von der Fähigkeit, über sich selbst hinaus auf ein größeres, allgemeines Gut oder Sein zu weisen. Symbole geben dem Erleben von Menschen eine fassbare, berührbare, sinnliche Gestalt und schenken durch ihren Bezug zum Größeren die Erfahrung von Sinn. Rituale sprechen und handeln in Symbolen.

Symbole im Beispiel des Ehepaars, das sich voneinander verabschiedet, sind Brot und Wein, der Segen, der gedeckte Tisch und das Familienfoto. Sie künden von der Gemeinschaft mit Gott, der Gemeinschaft des Ehepaars und der größeren Gemeinschaft der Familie.

Worte und Deutung spielen ebenfalls eine Rolle. Im Ritual muss die Lebenswirklichkeit derer, die an ihm teilhaben, deutlich werden, sonst bleibt es ein leeres Ritual. Im Ritual geht es nicht allgemein um die Menschheit, sondern um konkrete Menschen mit ihrer individuellen Geschichte. Deshalb gehören Worte, die das Leben von Menschen deuten, zum Ritual.

Im Lesen der biblischen Geschichte und im Gebet fasst die Seelsorgerin die Besonderheit der Abschiedssituation in Worte und deutet sie mit Blick auf die Gewissheit der Geborgenheit in Gott.

Zu Ritualen gehört ihre Wiederholbarkeit. Rituale sind nicht einmalig, sondern können in vielen verschiedenen Situationen und zu vielen verschiedenen Anlässen begangen werden. Ihr Ablauf ist vorgegeben und gibt dadurch Raum für die individuelle Gestaltung. Zu jedem Ritual gehört die Grundstrukturierung in drei Phasen: In der Trennungsphase wird die alte Wirklichkeit benannt und realisiert, in der Schwellenphase wird die Gegenwart benannt und symbolisch begangen und in der Phase der Reintegration wird die neue Wirklichkeit ins Leben integriert.

Die Trennungsphase im Beispiel findet in der Vorbereitung des Rituals statt. Im Gespräch erinnert sich das Ehepaar an das gemeinsame Leben. Im Ritual ist die Trennungsphase insofern präsent, als beide das Ritual als Ehepaar begehen. Auch das Familienfoto repräsentiert die alte Wirklichkeit. Die Schwellenphase vollzieht den Abschied des Ehepaars voneinander. Dies findet im gemeinsamen Essen und Trinken von Brot und Wein statt und der Deutung, dass dies das letzte gemeinsame Essen ist. Die neue Wirklichkeit der Trennung wird im Segen ins Leben aufgenommen.

In Ritualen wird der Alltag unterbrochen und Menschen treten aus ihm heraus. Deshalb brauchen Rituale eine besondere Zeit und einen besonderen Ort. Falls der besondere Ort nicht möglich ist, muss der vorhandene Ort besonders, dem Ritual entsprechend, gestaltet werden. Durch die Sprache und die Handlung der Tradition wird das Geschehen in einen überindividuellen Kontext gestellt.

Im Beispiel wurde das Ritual mit dem Ehepaar abgesprochen und es gab einen eigenen Termin. Das Krankenzimmer wurde entsprechend hergerichtet. Biblischer Text, Vaterunser, Agnus Dei, Einsetzungsworte und anderes repräsentieren die überindividuelle Dimension des Rituals und binden in die Glaubensgemeinschaft ein.

Ritualkompetenz

Das bisherige Beispiel für ein Ritual war ein klassisches christliches Ritual. Die Wirklichkeit in der Trauerseelsorge ist jedoch komplexer, da es keinen allgemeinen Deutungsrahmen mehr gibt, auf den sich die Gesellschaft als Ganze bezieht. In der postmodernen Gesellschaft hat jeder Mensch die Aufgabe, das ihm eigene, zu ihm passende Sinnkonstrukt zu finden. Auch innerhalb des christlichen Glaubens bestimmen Menschen die Glaubensinhalte so, wie sie für sie stimmen und unterstützend wirken. Sie orientieren sich nicht mehr so sehr an Lehre und Dogmen, sondern an ihrer eigenen Lebenswirklichkeit. Was in ihre eigene Lebenswirklichkeit passt, nehmen sie an, was nicht hineinpasst, hat wenig oder keine Bedeutung für sie.

Für die Seelsorge bedeutet dies, dass sie Rituale individuell gestalten können muss, einerlei ob der Andere zur christlichen Religion gehört oder nicht. Außerdem bedeutet es, dass Seelsorger sich auf ihre Ritualkompetenz besinnen und Rituale reflektiert, kompetent und der Situation angemessen einsetzen müssen. Ritualkompetenz heißt, dass der Seelsorger die Lebenswirklichkeit des Menschen, mit dem er zu tun hat, im seelsorglichen Gespräch erfasst. Was gibt ihm Hoffnung? Was gibt ihm Halt? Was bedrückt ihn? Was beschäftigt ihn? Wie ist seine Lebenssituation? Wie sieht sein Verhältnis zur Transzendenz und zu Gott aus? Was macht seine Spiritualität aus? In welche Gemeinschaft ist er eingebunden? Was liegt hinter dem Vordergründigen, das erzählt wird? Was macht das Sein des Anderen aus?

All dies bestimmt Inhalt und Form des Rituals. Es braucht einen vertrauten Umgang mit Ritualen und Kompetenz in der

Deutung der Lebenswirklichkeit von Menschen, damit Rituale auch wirklich Rituale sind und nicht zu oberflächlicher Anmaßung oder leerer Inszenierung werden. Übergriffigkeit und Leere sind weitere Gefahren beim Einsatz von Ritualen. Es ist daher unerlässlich, dass sich der Seelsorger Zeit für die Vorbereitung des Rituals nimmt und nicht mit der Meinung, das Ritual laufe sowieso immer gleich ab, und ohne Einstimmung in den Vollzug des Rituals geht. Als Vorbereitung muss er sich Zeit für sich selbst nehmen, um die nötige Präsenz für die Begegnung und das Ritual zu erlangen.

Ein Seelsorger wird vom Krankenhauspersonal zu einem gerade verstorbenen Patienten und seiner Frau gerufen. Als er das Krankenzimmer betritt, ist die Frau allein mit dem Verstorbenen, steht vor seinem Bett und schreit ihn an, er solle jetzt endlich wieder aufwachen. Sie rüttelt an ihm und läuft um das Bett herum. Der Seelsorger ist hilflos und von der Situation überfordert. Er versucht, die Frau zu beruhigen, aber es gelingt ihm nicht. Dann setzt er sich auf einen der beiden Stühle im Zimmer und wartet ab. Er will die Frau nicht allein lassen, weiß aber nicht, was er tun soll. Die Frau schreit weiter und läuft im Zimmer herum. Doch nach einiger Zeit verändert sich etwas. Die Frau setzt sich erschöpft auf den zweiten Stuhl und lehnt ihren Kopf an die Schulter des Seelsorgers. Sie beginnt, vom gemeinsamen Leben mit ihrem Mann zu erzählen. Später fragt der Seelsorger, ob er beten solle. Die Frau stimmt zu. Der Seelsorger führt ein Abschiedsritual durch und gibt dem Verstorbenen den Sterbesegen. Die Frau wird dabei ruhig und packt die Sachen ihres Mannes zusammen. Nach dem Ritual begleitet der Seelsorger die Frau zu ihrem Auto und trägt die Tasche mit den Sachen des Verstorbenen.

Der Seelsorger war gewohnt, dass die Situation, wenn er zu Sterbenden gerufen wird, irgendwie erwartbar ist. Dass die

Angehörigen wissen, dass der Seelsorger kommt und wozu er kommt, nämlich um den Sterbesegen zu geben und mit ihnen zu beten. Genau dies war hier aber nicht der Fall. Er konnte den Sterbesegen nicht einfach so abspulen, sondern musste sich auf die Situation einlassen, die ihm fremd war und ihn überforderte. Er hat nicht herausgefunden, ob die Frau gläubig war oder nicht oder zum christlichen Glauben gehörte oder nicht.

Zur Realisierung des Todes gehört der Abschied vom Verstorbenen. Die Art des Abschieds, die Eindrücke vom Verstorbenen, der Ort des Abschieds, die Art, wie mit dem Leichnam umgegangen wird, die Art, wie man ihnen begegnet oder nicht begegnet – all dies nehmen Trauernde mit. Die Eindrücke und Bilder prägen den Trauerweg. Deshalb ist Seelsorge an der Schwelle zwischen Leben und Tod besonders wichtig für die Trauerarbeit. Im Krankenhaus hat Seelsorge die Aufgabe, dies dem Personal immer wieder bewusst zu machen.

Eine junge Frau verstirbt einige Tage nach einer Operation aus unerklärlichen Gründen im Krankenhaus. Die Kriminalpolizei muss verständigt werden und der Leichnam wird beschlagnahmt. Die Ärzte sind damit konfrontiert, dass der Ehemann und die Eltern der Verstorbenen ins Krankenhaus kommen, um sich von der Verstorbenen zu verabschieden, was aber wegen der Beschlagnahmung nicht möglich ist. Eine Seelsorgerin wird von einer Ärztin gebeten, sie im Kontakt mit den Angehörigen zu unterstützen und ihnen die Situation zu erklären. Die Seelsorgerin macht sich auf den Weg ins Krankenhaus und spürt unterwegs Ärger in sich. Sie geht ihrem Gefühl nach und empfindet, dass der Ärger der Situation angemessen ist: Die Angehörigen können nicht weggeschickt werden, sie müssen den Leichnam sehen und sich von der Verstorbenen verabschieden können. Ihren Ärger versteht sie als Nähe zu den Angehörigen. im Krankenhaus setzt sie sich dafür ein, dass ein Abschied für die Angehörigen möglich wird. Durch ein Glasfenster können sie die Verstorbene noch einmal sehen und sich in einem Ritual verabschieden.

Segen

Segnen ist ein Ritual, das man an vielen Orten und ohne großen Aufwand vollziehen kann und eine starke Wirkung hat. Gesegnet zu werden berührt Menschen in ihrem Innersten.

Im Segen spricht der Seelsorger dem Anderen zu, dass er von Gott gesehen und begleitet wird. Segnen hat niederschwellige religiöse Voraussetzungen, weil es im Segen um die Lebensmacht Gottes geht und nicht um spezielle religiöse Inhalte und Vorstellungen. Seelsorger haben die Möglichkeit, die Lebenswirklichkeit eines Menschen im Gebet als Segen zu formulieren und sie Gott anheimzustellen. Sie haben auch die Möglichkeit, Menschen in der Seelsorge zu fragen, ob sie gesegnet werden wollen. Dies hängt davon, ob sie die seelsorgliche Situation als offen für die transzendente Wirklichkeit empfinden.

Eine offene Segensformel ist zum Beispiel:

Gott segne und behüte dich.
Gott stärke und belebe dich.
Gott richte dich immer wieder auf und schenke dir seinen Frieden.

8 Beerdigung

Wir haben sechs Pfarrerinnen und Pfarrer[6] aus Gemeinden und Kliniken zu einem Gespräch über Beerdigungen eingeladen. Sie kamen gern zu dem Gespräch, weil Beerdigungen für sie eine große Bedeutung hatten und sie froh über die Gelegenheit waren, einmal über ihre Erfahrungen sprechen zu können. Pfarrerinnen und Pfarrer fühlen sich bei Beerdigungen am Kern ihres Auftrags. Die Überschreitung der Grenze vom Leben in den Tod, die bei Beerdigungen rituell gestaltet wird, ist per se ein Geschehen, das nach Gott ruft und Menschen, die mit Gott verbunden sind, an ihren Glauben und ihre spirituelle Verwurzelung führt. Alle, die an einer Beerdigung beteiligt sind, sind in die Grenzüberschreitung mit hineingenommen und brauchen die Gemeinschaft untereinander und mit Gott, um die Grenzüberschreitung aushalten und gestalten zu können.

Im Gespräch der Pfarrerinnen und Pfarrer sagt ein Pfarrer: »Die Beerdigung ist für mich auch eine Aufgabe für Gott. Ich gebe die Aufgabe an Gott weiter. Jetzt bist du dran.«

---

6 Um der besseren Lesbarkeit willen erwähnen wir, wenn es um die Berufsgruppen geht, die Beerdigungen gestalten, nur Pfarrerinnen und Pfarrer, meinen aber die anderen kirchlichen Berufsgruppen mit wie Diakoninnen und Diakone, Pastoralreferentinnen und -referenten, Gemeindereferentinnen und -referenten, Prädikantinnen und Prädikanten u. a.

Das ist symbolisch gesprochen, weil der Pfarrer natürlich die Aufgabe der Beerdigung erfüllen muss, aber er bringt deutlich zum Ausdruck, dass es nicht seine alleinige Aufgabe ist, sondern der Bezug zu Gott nicht nur als Trost, Halt und Rahmung gebraucht wird, sondern Gott selbst eine Gestaltungsaufgabe in der Beerdigung hat. Gott muss bei der Beerdigung wirken, handeln und da sein. Dieses explizite Rechnen mit Gottes Gegenwart und das Aufrufen von Gottes Gegenwart macht in den vielfältigen Tätigkeiten des Pfarramtes Beerdigungen zu etwas Besonderem und gibt Pfarrerinnen und Pfarrern und anderen kirchlichen Berufsgruppen, denen die Aufgabe der Gestaltung von Beerdigungen zukommt, die Wahrnehmung eines eigentlichen Empfindens, am Kern des gemeinsamen Glaubens zu sein. Diese Wahrnehmung von Essenz ist ein Geschenk, das oft mit dem Phänomen der Überschreitung einer Grenze verbunden ist. Zugleich ist die Wahrnehmung von Essenz eine große Herausforderung, denn der Betreffende muss dieser Wahrnehmung gerecht werden, er muss für sie bereit sein und er muss sich in sie einstimmen und sich ihr entsprechend verhalten.

Die Person des Beerdigenden

> *»Mitten wir im Leben sind mit dem Tod umfangen.«*
> *(Martin Luther)*

Im Gespräch stellen die Pfarrerinnen und Pfarrer die große Herausforderung dar, dass der Tod zu ihrem Arbeitsalltag gehört, wie etwa im folgenden Beispiel. Bei einer Pfarrerin läutet kurz vor dem Konfirmandenunterricht das Telefon. Die Anruferin erzählt vom plötzlichen Tod ihres Mannes, vordergründig mit der Absicht, einen Termin für das Beerdigungsgespräch auszumachen, untergründig aber auch mit der Bitte, die Pfarrerin möge sich Zeit nehmen, einfühlsam sein und irgendwie Beistand und Trost vermitteln. Die Pfarrerin steht in dem inneren Zwiespalt, ihrer Aufgabe als Seelsorgerin und ihrer Aufgabe als Verantwortliche für die Konfirmandengruppe gerecht zu werden. Sie spricht eine Weile mit der Frau, lässt die Konfirmandengruppe vor dem Gemeindehaus warten und hetzt nach dem Telefonat zum Gemeindehaus. Bei all dem muss sie mehrere Male switchen: von der inneren Vorbereitung auf die Begegnung mit den Jugendlichen in das Gespräch mit der trauernden Frau, während des Telefonats von den Sorgen um die Konfirmandengruppe zur Empathie mit der Frau, nach dem Gespräch von der Empathie zur inneren Einstellung auf die Jugendlichen. Sie kann die Konfirmandenstunde nicht ausfallen lassen mit dem Argument »Ich habe jetzt ein wichtiges Telefonat, Seelsorge geht vor«. Sie kann ebenso das Telefonat nicht sofort abbrechen mit dem Argument »Die Jugendlichen warten«. Also findet sie einen Kompromiss, der der anrufenden Frau und den Jugendlichen gerecht wird, durch den sie aber selbst in großen Stress gerät. Man könnte ihr nachträglich empfehlen, zehn Minuten vor der Konfirmandenstunde nicht mehr ans Telefon zu gehen, aber ist solch eine Empfehlung realistisch?

Es gibt unzählige Beispiele für die Notwendigkeit des Switchens im Zusammenhang mit einem Trauerfall. Menschen, die im kirchlichen Feld Beerdigungsgottesdienste halten, unterscheiden sich von freien Rednerinnen und Rednern dadurch, dass sie in vielen Bereichen tätig sind und sich nicht ausschließlich auf Beerdigungen konzentrieren. So spiegelt sich in ihrem beruflichen Leben auf einer anderen Ebene die Verwirrung und Irritation, die der Tod ins Leben der Angehörigen eines Verstorbenen bringt. Das Gewicht des Todes verändert die Vollzüge des Lebens und seine Parallelität zu anderen Ereignissen des Lebens irritiert die Identität der Betroffenen und ihre Haltung zum Leben. Dies spiegelt sich auch im Leben derer, die professionell an einer Beerdigung beteiligt werden.

Zudem ist es noch einmal etwas anderes, ob das Switchen in die Angelegenheiten des Todes und aus ihnen heraus aus privaten oder aus beruflichen Gründen geschieht. Ein Beispiel wäre eine Pfarrersfamilie, bei der am Mittagstisch ein Streit um das Verhalten der Kinder in der Schule entsteht und der Pfarrer oder die Pfarrerin anschließend einen Beerdigungsgottesdienst halten muss. Hier geht es um ein Switchen zwischen dem privaten Bereich und der beruflichen Aufgabe.

Im Gespräch mit den Pfarrerinnen und Pfarrern sagt ein Pfarrer: »Switchen heißt für mich, mich der Dynamik zu überlassen. Mich der Situation hinzugeben. Nicht bei meinem Plan zu bleiben, sondern bei dem Plan, den das Leben schreibt.«
Eine Kollegin ergänzt: »Und den Gott schreibt.«

Die beiden schlagen vor, die Aussage, dass »mitten wir im Leben sind mit dem Tod umfangen«, wirklich gelten zu lassen und ernst zu nehmen. Unter bestimmten Umständen ist es sinnvoll, die festgelegten Abläufe zu durchbrechen und der Dynamik der inneren Notwendigkeiten nachzugeben. Im obigen Beispiel würde das bedeuten, dass die Pfarrerin sich Zeit für die Anruferin nimmt und ihr eventuell nach einer ausreichenden Dauer des Telefonats ihren Konflikt, dass die Konfirmandengruppe wartet, schildert und ihr vorschlägt, dass sie die Trauernde nach dem Ende der Konfirmandenstunde noch einmal anruft oder besucht. Das würde auch bedeuten, die Konfirmandinnen und Konfirmanden guten Gewissens etwas warten zu lassen und eventuell einen Konflikt mit den Konfirmandeneltern zu riskieren.

Mitten im Leben vom Tod umfangen zu sein bedeutet, immer wieder in neue, anspruchsvolle Situationen zu kommen, für die es keine allgemeine Lösung gibt und in denen man sich als Seelsorgerin oder Seelsorger auch falsch entscheiden und verhalten kann. Switchen ist nicht nur die Not, sich jetzt gerade auf eine Anforderung einstellen zu müssen, mit der man nicht gerechnet hat, sondern es ist eine positive Fähigkeit, weil es die angemessene Art ist, damit umzugehen, dass wir mitten im Leben vom Tod umfangen sind. Switchen ist eine Möglichkeit, in die Präsenz zu kommen und sich für das bereit zu machen, was jetzt das Wichtigste ist.

Übertragungen und eigenes Betroffensein

Eine Krankenhauspfarrerin erzählt, dass sie einen Patienten begleitet habe, der im Sterben lag. Der Sterbende bekommt oft Besuch von seiner Tochter und seiner Lebensgefährtin. Die Seelsorgerin kennt die Konstellation, Tochter eines Vaters zu sein, der nach einer Scheidung eine neue Lebensgefährtin hat, aus eigener Erfahrung und hat diese Konstellation als Betroffene als sehr belastend und konkurrent zwischen der Lebenspartnerin des Vaters und sich selbst erlebt. Sie empfand sie als Bedrohung, den Vater zu verlieren. Aufgrund der Parallelität der Konstellation überträgt sie ihre Gefühle auf die Lebensgefährtin und die Tochter des Patienten. Erst als der Patient verstirbt und die Tochter und die Lebensgefährtin explizit Seelsorge brauchen, entdeckt die Seelsorgerin ihre Übertragung an der Beobachtung, dass ihr die Seelsorge mit der Tochter leicht fällt und sie tröstend wirkt, die Seelsorge mit der Lebensgefährtin ihr aber schwer fällt und sie merkt, dass sie mit der Frau eigentlich gar nicht sprechen will. Sie nimmt das Gefühl wahr, geht ihm nach und entdeckt die Übertragung eigener biografischer Erfahrungen auf die Menschen, denen sie Seelsorgerin ist.

Wenn ein Mensch seine eigene Erfahrungswirklichkeit, die er im Laufe seines Lebens, vor allem in seiner Kindheit, gewonnen hat, auf andere Menschen, die er nicht kennt, überträgt und ihnen gegenüber dann so empfindet wie gegenüber den Personen seiner Biografie, spricht man von Übertragungen. Sie können sich positiv auswirken, indem zum Beispiel spontan eine Grundsympathie zu einem anderen, fremden Menschen entsteht, oder negativ, indem genauso spontan eine Grundantipathie gegenüber Menschen entsteht und die Beziehung zu ihnen prägt, wenn man nicht die Übertragung erkennt und an ihr arbeitet. Übertragungen stellen den Menschen, der von ihnen betroffen ist, in eine bestimmte Rolle und einen bestimmten Erwartungsraum und die Gefahr ist groß, dass der von einer Übertragung Betroffene dann so empfindet und handelt, dass es der Übertragung entspricht. Man spricht dann von Gegenübertragung.

Wäre die Seelsorgerin der Lebensgefährtin des Patienten gegenüber distanziert und ablehnend geblieben, so hätte sie ihre Übertragung unreflektiert gelebt. Hätte die Lebensgefährtin des Patienten die Seelsorgerin dann als verständnislos und distanziert abgelehnt, hätte sie aus der Gegenübertragung heraus gehandelt.

Eine hohe Aufmerksamkeit für Übertragungen und Gegenübertragungen ist im seelsorglichen Feld unerlässlich. Seelsorge ist ein intimes Geschehen, das stark von Vertrauen abhängt. Für Vertrauen ist Wahrhaftigkeit unabdingbar. Wahrhaftig kann man in der Seelsorge aber nur sein, wenn man um das Vorhandensein von Übertragung und Gegenübertragung weiß und immer wieder neu lernt, damit umzugehen. Da es im Bereich von Seelsorge und Trauer um ein existenzielles Thema und um die Identität von Menschen geht, laufen hier die Prozesse von Übertragung und Gegenübertragung besonders spontan und schnell ab. Deshalb ist eine gute, geschulte, immer wieder neu herzustellende Aufmerksamkeit für diese Prozesse notwendig.

In dem Beispiel hat die Seelsorgerin eine gute Wahrnehmung für sich selbst. Sie spürt, dass ihre Aversion gegenüber der Lebensgefährtin unbegründet ist, weil sie die Frau gar nicht kennt. In einem zweiten Schritt reflektiert sie ihre Gefühle und entdeckt, dass sie selbst eine schwierige Beziehung zur Lebensgefährtin des eigenen Vaters hat. In einem dritten Schritt stellt sie fest, dass sie diese Gefühle auf die Lebensgefährtin des Patienten überträgt. Sie kann so der Lebensgefährtin des Patienten mit weniger Vorurteilen begegnen und ihr eine gute Seelsorgerin sein.

In dem Beispiel ist es in der Begegnung zwischen Seelsorgerin und der Lebensgefährtin des Patienten sogar möglich, die Prozesse von Übertragung und Gegenübertragung anzusprechen. Nicht mit den Termini technici, aber als Wahrnehmung voneinander. Die Lebensgefährtin sagt der Seelsorgerin, sie habe sie ihr gegenüber als sehr distanziert empfunden und das nicht verstanden. Die Seelsorgerin erzählt von ihren eigenen Erfahrungen und es entsteht ein wahrhaftiger hilfreicher Kontakt, aus dem auch etwas Fruchtbares für das Verhältnis der beiden Hinterbliebenen erwächst. Denn nach dem Tod des Patienten können seine Lebensgefährtin und seine Tochter ihr eigenes Verhältnis zueinander neu bestimmen und müssen zum Beispiel in der Trauer keine Konkurrenz leben.

Übertragung und Gegenübertragung in der Seelsorge ereignen sich, wenn eine Person und ein Geschehen an Personen und Geschehen aus der Biografie des Seelsorgenden (an seiner Geschichte) andocken. Möglich ist aber auch, dass das Geschehen in der Seelsorge direkt an der momentanen Realität und der Gegenwart des Seelsorgenden andockt. Dann ist es sinnvoller, von persönlichem Betroffensein zu sprechen.

Eine Gemeindepfarrerin erzählt, dass am Tag, an dem ihre Mutter verstorben sei, eine Kleinfamilie aus Vater und zwei Kindern an der Tür des Pfarrhauses geklingelt habe mit der Bitte um ein Beerdigungsgespräch. Die Ehefrau des Mannes und Mutter der beiden Kinder ist am Tag zuvor gestorben.

Bei persönlichem Betroffensein hilft es, sich die Betroffenheit bewusst zu machen und nicht darüber hinwegzugehen in der Meinung, die Betroffenheit sei eine Privatangelegenheit und deshalb nicht wichtig oder unprofessionell. Die Betroffenheit ist nämlich da und wirkt umso stärker, je weniger sie bewusst bejaht wird. Hilfreich ist, sich, nachdem man die Betroffenheit gewürdigt hat, in die berufliche Rolle und die Aufgabe zurückzurufen.

Die Pfarrerin, deren Mutter verstorben ist, sagt zum Beispiel: »Ich habe die Situation durchaus als eine Zumutung empfunden, natürlich nicht von den Menschen, die vor mir standen, aber vom Leben und von Gott. Und ich habe das dann angenommen und auch ordentlich gemacht. Aber es ging mir an die Substanz.«

Falls die Betroffenheit keinen Spielraum mehr zum beruflichen Handeln lässt, ist es auch denkbar, den Auftrag an eine Kollegin oder einen Kollegen abzugeben. Dieser Variante sind allerdings Grenzen durch die Realität gesetzt.

Im folgenden Beispiel werden die Motive von persönlichem Betroffensein und Übertragung vereint:

Ein Pfarrer: »Ich hatte einmal eine Beerdigung, da war ein Mann in meinem Alter verstorben. Er hatte eine Tochter, die im Alter meiner eigenen Tochter war und auch genauso hieß. Die Ansprache war dann ganz nah bei den Angehörigen und ich sprach ein Stück weit zu mir selbst. Es war ein Hin und Her zwischen meiner eigenen Betroffenheit und dem Auftrag, den ich hatte. Meine Betroffenheit stellte eine große Nähe zu den Angehörigen her, die sie als sehr tröstend empfanden.«

Aufgrund der Parallelität der Familienverhältnisse fand hier eine Übertragung der Trauerkonstellation auf den Pfarrer statt, die ihn in die Vorstellung versetzte, dass er selbst sterben und trauernde Menschen hinterlassen könnte. Der Pfarrer machte sich die Übertragung bewusst und brachte seine persönliche Betroffenheit in die Begegnung mit den Angehörigen und in die Beerdigung ein. So entstand eine große Nähe zwischen Pfarrer und Angehörigen. Sie fühlten sich verstanden und getröstet.

Rolle

Wer im kirchlichen Feld für die Gestaltung einer Beerdigung angefragt wird und die Aufgabe übernimmt, tut dies nicht als Privatperson, sondern als für diese Aufgabe ausgebildete, zu ihr befähigte und beauftragte Amtsperson. Mit dem Amt übernimmt er eine Rolle, die zunächst unabhängig von seiner eigenen Person ist. Die Rolle ist vor ihm da und nach ihm da und wird von allen anderen, die dieses Amt ausüben, geteilt.

Die Rolle beschreibt ein Pfarrer so: »Die Pfarrerin und der Pfarrer repräsentieren eine andere Macht. Sie bringen diese Macht mit. Sie repräsentieren Gott und die Macht Gottes.«

Im Kontext von Beerdigungen gilt diese Aussage nicht nur für Pfarrerinnen und Pfarrer, sondern für jede Berufsgruppe, die von einer Kirche zu Beerdigungen beauftragt ist. Es ist eine Zuschreibung, die qua Auftrag geschieht. An der Grenze von Leben und Tod suchen Menschen eine Kraft und Macht, die ihnen ermöglicht, den Abschied und Verlust ohne größeren Schaden, getröstet und hoffnungsvoll zu überstehen. Diese Macht schreiben sie repräsentativ demjenigen zu, der die Beerdigung gestaltet. Er steht nicht für sich, sondern für Gott. Die Rolle befähigt den Betreffenden, in eine Nähe zu den Trauernden zu kommen, die ohne die Rolle nicht möglich ist, und sie befähigt ihn, wieder aus der Nähe herauszugehen. Die Rolle schützt sowohl den, der sie innehat, als auch diejenigen, die ihm die Rolle zuweisen. In der Rolle kann der Betreffende Aussagen treffen, Inhalte beschreiben und Tröstungen zusagen, zu denen er ohne die Rolle nicht fähig wäre, zumindest fiele es ihm um vieles schwerer und auch die Annahme des Gesagten fiele den Zuhörenden ohne die Rolle schwerer.

Die Rolle funktioniert allerdings nicht automatisch, sondern muss durch die Person dessen, der sie innehat, gefüllt werden.

Die Gefahren, die mit der Rolle verbunden sind, bestehen einerseits in der Möglichkeit, sie leer zu lassen und ohne Kontakt zur Person, die sie innehat, abzuspulen und sie nicht mit der eigenen Identität zu füllen, andererseits in der Möglichkeit, sich ganz mit ihr zu identifizieren und zu meinen, man selbst sei die Rolle, also Person und Rolle zu fusionieren. Das Eine ist eine depressive, das Andere eine narzisstische Inszenierung, die dem Auftrag der Seelsorge nicht gerecht wird und die Trauernden mehr oder weniger allein und trostlos lässt.

Die wichtige Aufgabe für denjenigen, der zu einer Beerdigung und der sie umfassenden Seelsorge beauftragt ist, besteht darin, die für ihn stimmige Relation von Person und Rolle zu finden, also eine eigene seelsorgliche Identität, mit der er die Rolle füllt.

Die Rolle birgt den großen Vorteil, professionelle Nähe und Distanz zu ermöglichen. Gerade die professionelle Distanz ist im Feld von Beerdigung und Trauer paradoxerweise eine große Hilfe dabei, trostvermittelnde Nähe zu wahren.

Ein Pfarrer: »Bei einer meiner ersten Beerdigungen musste ich einen Säugling beerdigen. Ich hatte die Familie vorher begleitet, wurde aber vom Anblick des kleinen, weißen Sarges völlig überrascht. Mir blieb fast das Herz stehen, als ich den Sarg sah. Ich sagte mir dann: ›Du hast hier einen Auftrag und eine Aufgabe.

Wenn es gar nicht mehr anders geht, halte dich an deinem Manuskript fest und lies vor, was du aufgeschrieben hast.‹«

Eine Pfarrerin: »Es gibt auch das andere: die Distanz, andere sind betroffen, nicht ich. Die professionelle Lust an der Beerdigung. Die professionelle Distanz kann auch in der eigenen Betroffenheit helfen. Es geht darum, dass ich meiner Rolle gerecht werde, meinem Auftrag.«

Zur Rolle gehören auch lang tradierte und heute immer noch untergründig wirkende Vorstellungen wie diejenige, der Beerdigende spreche das Urteil über den Verstorbenen.

Ein Pfarrer erzählt, dass er in einem Beerdigungsgespräch eine seltsame Stimmung wahrgenommen habe, als verschwiegen ihm die Angehörigen etwas, als hinge irgendetwas unausgesprochen in der Luft. Der Pfarrer sprach seine Wahrnehmung an und die Angehörigen sagten: ›Ja, die Kirche hat doch früher homosexuelle Menschen nicht beerdigt oder woanders beerdigt als die anderen.‹ Der Verstorbene war homosexuell und die Angehörigen gingen davon aus, dass eine Verurteilung dieser Lebensform vor Gott immer noch irgendwie wirksam sei.

Der für eine Beerdigung Zuständige muss damit rechnen, dass Vorstellungen auf ihn übertragen werden, die er nicht teilt, und dass es Rollenerwartungen gibt, die seinem eigenen Rollenverständnis nicht entsprechen. Es sollte möglich sein, die Differenzen anzusprechen und einen Modus vivendi zu finden.

Spirituelle Dimension

Repräsentant Gottes zu sein ist nicht nur eine Zuschreibung der Angehörigen eines Verstorbenen und vieler anderer, die bei einer Beerdigung anwesend sind, sondern es spricht auch die spirituelle Dimension an, für die derjenige, der zu einer Beerdigung beauftragt ist, einsteht. Er ist mit Gott verbunden. Er steht für Hoffnung und Sprachfähigkeit angesichts des Todes und für die Fortsetzung des Lebens angesichts des Abschieds vom Leben. Er steht für Trost und repräsentiert eine Macht, die größer ist als der endgültig scheinende Tod. Mit seiner Person steht er für die Botschaft des Evangeliums und gleichzeitig geht die Botschaft des Evangeliums nicht in seiner Person auf. Die spirituelle Dimension beschreibt die Verbindung zu Gott, ohne die eine christliche Beerdigung keine christliche Beerdigung ist. Spirituell zu sein bedeutet: In all meinen Anstrengungen, im Besten, was ich gebe, in meinen ernsten Vorbereitungen und meiner hohen Präsenz weiß ich, dass das Geschehen nicht von mir abhängt, sondern von Gott getragen und durchdrungen ist.

Es gibt viele verschiedene Möglichkeiten, sich spirituell auf eine Beerdigung und die Seelsorge mit Trauernden einzustellen:

Gott mitnehmen/ihn ansprechen
Ein Gemeindepfarrer: »Ich nehme Gott immer mit vor schweren Besuchen. Ich bete vor einer Beerdigung, zum Beispiel in der Sakristei oder auf dem Weg zum Trauerhaus. ›Ich gehe jetzt nicht allein da hinein!‹ Gott geht mit.«

Eine Krankenhauspfarrerin: »Ich gehe vor einem schweren Besuch erst noch mal in die Kapelle und sehe aufs Kreuz.«

Wege nutzen
Eine Gemeindepfarrerin: »Der Weg zum Beerdigungsgespräch ist wichtig. Ich mache mich wirklich auf den Weg und lasse mich auf den Weg ein. Höre keine Rockmusik, sondern eine Bach-Kantate. Genauso beim Weg zum Friedhof. Ich bereite mich vor und nehme jeden Schritt als Vorbereitung. Schon das Einsteigen ins Auto ist Vorbereitung.«

Sich wahrnehmen
Eine Gemeindepfarrerin: »Mich aus der Fassung bringende Gefühle arbeite ich vor der Beerdigung durch, so dass sie mich nicht ausheben können.«

Ein Gemeindepfarrer: »Aber es gibt auch Dinge, auf die man sich nicht vorbereiten kann. Zum Beispiel baumelte einmal die Urne einer Konfirmandin an einem Pferd. Da hatte ich das Gefühl, ich falle jetzt gleich um und muss mich am Schwanz des Pferdes festhalten. Dann hielt ich ›eine Konferenz mit dem Chef‹ ab, so nenne ich das. ›Ich kann das jetzt nicht allein, du musst mir helfen.‹«

Sprachliche Sensibilität
Ein Gemeindepfarrer: »Schon in der Vorbereitung habe ich ein Warnschild: bloß keine Auferstehungsfloskeln, bloß nicht zu schnell die christologische Kurve nehmen!«

Sich an der Aufgabe orientieren, Distanz schaffen
Ein Gemeindepfarrer: »Das ist ein Grundproblem: Ich bin in einer schlechten Verfassung und muss eine Beerdigung halten. Ich ziehe das dann durch. Spalte meine eigenes Empfinden ab und sage mir: ›Du hast jetzt eine Aufgabe und die musst du gut machen.‹ Ich vertraue in Gott, dass ich das jetzt schaffe und gut mache.«

Ein Gemeindepfarrerin: »Wie komme ich in die Distanz? Das ist eine ganz wichtige Frage. Beten hilft. Oder mit dem Ehepartner sprechen. Oder ich sage mir, ich habe ein Manuskript, daran halte ich mich fest.«

Rahmen und Ablauf

Rahmen und Ablauf bei einer christlichen Beerdigung sind vorgegeben. Es gibt eine Agende, die liturgische Abfolgen, Lesungsvorschläge aus der Bibel, Gebetsvorlagen und andere Hilfen anbietet. Die Trauernden können sich darauf verlassen, dass der Ablauf feststeht und funktioniert, das heißt, dass er Struktur und Halt gibt in einer Situation, in der alle Gewissheiten ins Wanken geraten und Menschen ihren Halt verlieren. Die Anwesenden können sich darauf verlassen, dass auch Überraschungen den Ablauf einer Beerdigung nicht kippen können. Der Rahmen ist stabil, tragfähig, vertrauenswürdig, in vielen Jahrhunderten erprobt und bewährt. Er funktioniert sowohl dann, wenn sich nur drei oder vier Menschen für die Beerdigung eines Verstorbenen treffen, als auch wenn ein ganzes Dorf kommt.

Ein Gemeindepfarrer: »Eine Beerdigung hat für mich zwei Funktionen. Es geht darum, die Biografie des oder der Verstorbenen zu würdigen und die Situation für Gott zu öffnen. Die Perspektive für Gott zu öffnen.«

Was braucht es, um das Leben eines Verstorbenen in der Beerdigung zu würdigen? Im christlichen Kontext bereitet die Grundhaltung den Weg in die Beschäftigung mit dem Verstorbenen. Er ist ein Geschöpf Gottes und Teil der Gemeinschaft der Heiligen. Mit allem, was er getan und unterlassen hat, mit dem, was der Beerdigende von ihm weiß, und mit dem, was dem Beerdigenden unbekannt ist, tritt er vor Gott und darf darauf hoffen, dass Gott ihn wahrnimmt, ihn ernst nimmt, ihm vergibt und ihn ins ewige Leben und die Gemeinschaft mit Gott aufnimmt. Diese Grundhaltung bejaht, dass es das Leben des Verstorbenen zu würdigen gilt und es im Leben des Verstorbenen etwas zu würdigen gibt. Vor Gott und in der Gemeinschaft der Heiligen bedeutet würdigen: den Verstorbenen im Licht Gottes sehen und sein Leben so beschreiben, dass sein Kern als Geschöpf Gottes aufscheint. Dabei sind die Daten und Fakten, die Leistungen und Erfolge, die Misserfolge und das Scheitern sowie positive und negative Eigenschaften wichtig, aber sie sind nicht das Entscheidende im Sein des Verstorbenen vor Gott, sondern sollen durch Gottes Wort gedeutet werden. Die primäre Aufgabe des Beerdigenden besteht darin, sein Leben im Lichte Gottes zu beschreiben. Die Perspektive Gottes, in dem das Leben des Verstorbenen aufscheint, entsteht durch die intensive Auseinandersetzung mit dem biblischen Wort, das sich für die Beerdigung gefunden hat. Wobei eine Formulierung wie »Perspektive Gottes« voraussetzt, dass nicht der Beerdigende sie herstellt, sondern Gott selbst, indem er durch das Geschehen der Beerdigung wirkt und in ihm gegenwärtig ist.

Ein wichtiges Element der Beerdigung ist das Beerdigungsgespräch. Es verlangt vom Beerdigenden eine hohe Präsenz und Wahrnehmungskompetenz. Wer von den Angehörigen stellt den ersten Kontakt her? Wer von den Angehörigen ist anwesend beim Beerdigungsgespräch? Wer fehlt? Warum fehlt er? Sinnvoll ist es, die Anwesenden aufzufordern, vom Leben des Verstorbenen zu erzählen. Was mochten sie an ihm? Was fanden sie eher schwierig an ihm? Wie ist die Atmosphäre im Gespräch? Fühle ich mich wohl und warum fühle ich mich wohl? Fühle ich mich nicht wohl und warum fühle ich mich nicht wohl? Wird der Verstorbene als ganzer Mensch beschrieben oder nur bestimmte Seiten von ihm, tendenziös, nur glorifiziert oder nur kritisch oder lieblos?

Eine Seelsorgerin erzählt, sie habe ein Beerdigungsgespräch mit der gehbehinderten Ehefrau des Verstorbenen, ihrer beider Sohn und der Schwester der Ehefrau geführt. Im Gespräch ist die Ehefrau dominant und sagt, wie dankbar sie für ihren Mann sei, wie sehr er sich um sie gekümmert und wie stark sie sich von ihm behütet gefühlt habe. Ihre Schwester sagt wenig, bestätigt sie aber. Der Sohn, der den Kontakt hergestellt hat, verhält sich ruhig und sagt nichts. Während des Gesprächs klingelt es an der Tür. Die Ehefrau geht zur Tür und bleibt eine kurze Zeit außerhalb des Zimmers. Die Seelsorgerin spürt, dass sie ganz vom Erzählen der Frau eingenommen ist und sich in der positiven Übertragung befindet, aber zugleich etwas als seltsam empfindet und irgendwie denkt: »Etwas fehlt hier, etwas ist zu stimmig, zu gut.« Sie ergreift die Chance, mit dem Sohn ins Gespräch zu kommen und merkt, dass es noch mehr und anderes im Leben des Verstorbenen gibt als das, was sie bisher durch die Ehefrau erfahren hat. Der Sohn hat eine andere, eigene Beziehung zu seinem Vater, die nie zur Sprache gekommen wäre, hätte es nicht an der Tür geklingelt und die Ehefrau das Zimmer nicht verlassen. Der Sohn ist noch stark unter dem Eindruck des Sterbens seines Vaters, weil er es miterlebt hat. Auch kommt sein Gefühl zur Sprache, dass seine Mutter erwarte, dass er nun die Rolle seines Vaters und die Fürsorge für sie übernehme. Er empfindet die Dankbarkeit der Mutter gegenüber ihrem Ehemann auch als Druck auf sich und Aufforderung für sich.

Später, in der Auswertung des Gesprächs richtet sich die Aufmerksamkeit der Seelsorgerin noch stärker auf den Sohn und sie beschließt, noch einmal Kontakt zu ihm aufzunehmen.

In dem Beispiel wird deutlich, was hohe Präsenz und Wahrnehmungskompetenz bedeuten können. Die Seelsorgerin spürt die Übertragung der Stimmung der Ehefrau auf sich selbst an ihrem Gefühl von Dankbarkeit für das Gespräch und an ihrem Wohlbefinden und ist zugleich fähig, sich zu fragen, was das Wohlbefinden bedeutet und woher es kommt. Dies führt zur Wahrnehmung des Sohnes oder zuerst einmal zur Beobachtung, dass sie den Sohn bisher nicht wahrgenommen hat. Durch die Hinwendung zum Sohn des Verstorbenen entsteht eine neue Perspektive auf die Situation und den Verstorbenen.

Besonders wichtig an diesem Beispiel ist die Fähigkeit zur Selbstwahrnehmung der Seelsorgerin. Sie nimmt ihre Gefühle wahr und schafft es zugleich, aus ihren Gefühlen herauszutreten und sie als Deutungshilfen für die Situation zu nehmen.

Eine Pfarrerin erzählt, dass sie einen Menschen beerdigen solle, der Suizid begangen habe. Das Beerdigungsgespräch verläuft sehr einfühlsam. Die Pfarrerin befindet sich in einem guten Kontakt mit der Familie des Suizidanten. Als sie das Gespräch beendet hat und nach Hause kommt, spürt sie eine große Wut in sich und geht diesem Gefühl nach. Sie entdeckt, dass sie die Wut stellvertretend für die Angehörigen empfindet, die sich die Wut auf den Suizid nicht erlauben. Im Verständnis für die Not des Suizidanten haben sie die eigenen Gefühle übergangen und die Pfarrerin erlebt sie stellvertretend. Suizid ist nicht nur eine Not, sondern auch eine Aggression gegen die Hinterbliebenen. In der weiteren Reflexion fragt die Pfarrerin sich, wie sie mit der Wut umgehen solle. Sie könnte die Wut übergehen und sie von sich abspalten, indem sie innerlich die Wut an die Angehörigen zurückgeben würde. Sie entscheidet sich aber, die Wut produktiv zu nutzen und sie in die Beerdigung einzubeziehen. So ist es möglich, dass bei der Beerdigung auf eine einfühlsame Art auch die aggressive Dimension des Suizids, die Verletzung und der wütende Schmerz der Angehörigen zur Sprache kommen können. Die Angehörigen zeigen sich nach der Beerdigung erleichtert darüber, dass die Pfarrerin das Gefühl von Wut angesprochen hat.

Es ist wichtig, sich Zeit für das Beerdigungsgespräch zu nehmen und auch auf die Stimmung zu achten, in der man in das Gespräch geht. Bin ich abgehetzt und habe eigentlich gar keinen inneren Raum, um all die Dinge aufzunehmen? Schaffe ich es, mir vor und nach dem Beerdigungsgespräch einen Rahmen freier Zeit zu setzen, den ich für die Vor- und Nachbereitung nutzen kann? Dasselbe gilt für die Ausarbeitung des Manuskriptes für die Beerdigung. Habe ich dafür grundsätzlich genügend Zeit? Oder mache ich das meistens in Eile und unter Druck? Ziehe ich gerne etwas Altes aus der Schublade oder lasse ich mich immer wieder neu auf die Begegnung von Todeswirklichkeit und Bibel in meiner Vorbereitung ein? Habe ich Freude daran, zum Beispiel verschiedene Bibelverse in ihrem Bezug zum Verstorbenen zu deuten und den passendsten auszuwählen oder mache ich das eher eilig und bin froh, wenn ich einen Vers finde, der halbwegs passt? Kommt dem Tod und allem, was er im Leben bedeutet, bei meiner Vorbereitung das angemessene Gewicht zu oder ist er nur ein Motiv unter vielen anderen?

Was ist hilfreich, um »die Situation für Gott zu öffnen«? Der Pfarrer sagte in dem Zitat »Gott«, man könnte auch fragen: Was braucht es, um die Situation für die Wahrnehmung des Größeren zu öffnen, für die Wahrnehmung von Hoffnung und für das Gefühl, dass der Verstorbene eine Heimat in einer anderen Wirklichkeit findet?

Der Gestaltung des Ritus kommt große Bedeutung zu. Das Ritual sollte so gestaltet sein, dass ein Raum entsteht, in dem die Trauernden den Abschied vollziehen können und in dem das Unsagbare aufscheinen und spürbar werden kann, vor allem die tiefen Emotionen, das Ausmaß des Verlustes und die radikale Veränderung der Gegenwart, aber auch das Geheimnis der Auferstehung und die Verwandlung des Todes in die Gemeinschaft mit Gott. Das Ritual gibt den Rahmen vor, um all das auszusprechen, was die Trauernden bewegt. Es kann die Emotionen halten, weil die Menschen sich im Ritual sicher fühlen.

Worte als Träger von Deutung und Bedeutung kommen bei Trauernden eher weniger an, weil ihre Gegenwart nicht auf den

Verstand, sondern auf die Gefühle gerichtet ist. Der Sinn von Worten für Trauernde im Ritual bezieht sich mehr auf ihre Kraft, Verbindung zu anderen Menschen herzustellen und Trauernden zu vergewissern, dass sie nicht allein sind, weil viele andere Menschen ihren Schmerz zuvor auch schon erlebt haben und er sich nicht ins Leere verliert, sondern von Gott aufgefangen wird. Deshalb sind Psalmen, bekannte Erzählungen aus den Evangelien sowie liturgische Formeln, die Verbindung zur Gemeinschaft herstellen, im Ritual wichtig. Je weniger Menschen mit der Bibel bekannt sind, umso bekannter sollten die ausgewählten Texte sein.

Gemeinsame Handlungen im Ritual sind wichtig für Räume von Trost, zum Beispiel gemeinsam singen, beten, zum Grab gehen, Erde auf den Sarg werfen, Blumen niederlegen und den Segen über dem Grab beten. Gemeinschaft entsteht durch Tun.

Der Leiter des Rituals hat eine paradoxe Aufgabe und Rolle: Einerseits muss er das Ritual leiten, andererseits und gleichzeitig muss er sich dem Ritual überlassen. Er muss das Ritual führen und die Spannung halten und sich gleichzeitig dem Ritual hingeben. Ohne die Paradoxie wird das Ritual entweder vom Leiter dominiert und die Trauernden finden nicht ihren Raum oder das Ritual bleibt ohne Führung, verliert den inneren Zusammenhalt, die Spannung und den Bogen und die Trauernden verlieren sich in ihren Gefühlen.

Das Ritual der Beerdigung wird als nicht hilfreich erlebt, wenn es nicht mit der Wirklichkeit des Geschehens übereinstimmt und wenn die Worte und die Deutungen nicht die Wirklichkeit treffen.

Ein Gemeindepfarrer: »Nach einer Beerdigung kam eine der Töchter des Verstorbenen zu mir und sagte, dass das Ritual für sie gestimmt habe, weil ich die schwierige Beziehung zum Vater angesprochen und ausgesprochen hätte, wie zwanghaft und ängstlich er war und wie stark er die anderen Familienglieder durch seine Ängstlichkeit unter Druck gesetzt und beherrscht hat. Ich hatte das alles nur sehr behutsam angesprochen. Im Beerdigungsgespräch war es ein Thema und ich habe lange überlegt, ob ich das bei der Beerdigung sagen soll. Ich dachte schon, ich hätte es zu stark in den Vordergrund gestellt, und war dann froh, dass mir die Angehörige diese Rückmeldung gab. Aber da wurde mir wieder bewusst, wie wichtig es ist, alle Motive abzuwägen. Es scheint mir mittlerweile besser, mutiger im Aussprechen von schwierigen Dingen im Leben von Verstorbenen zu sein als zu vorsichtig, zu zurückhaltend. Das wird dem Leben sowohl der Verstorbenen als auch dem Leben und der Trauer der Hinterbliebenen nicht gerecht. Es geht um Wahrhaftigkeit.«

Da Menschen Verstorbene in der Hoffnung beerdigen, dass Gott sie aufnimmt und heil macht, kann der Beerdigende auch schwierige Seiten von Verstorbenen ansprechen. Für Trauernde ist das Aussprechen oft eine große Hilfe, weil sie in ihrer Trauer die schwierigen und unangenehmen Seiten von Verstorbenen gern verdrängen in der Meinung, man dürfe »nicht schlecht« über Verstorbene denken, fühlen und reden. Das Ansprechen schwieriger Seiten von Verstorbenen kann Trauernde von Schuldgefühlen in der Auseinandersetzung mit dem Toten befreien.

An der Äußerung des Gemeindepfarrers wird auch deutlich, wie wichtig es ist, sich ausreichend Zeit für die Vorbereitung zu nehmen und sich geistlich einzustimmen.

Inhalte

Inhaltlich, das heißt im Verkündigen der Botschaft, geben sich die eingeladenen Pfarrerinnen und Pfarrer eher zurückhaltend. Für »Antworten« auf den Tod orientieren sie sich an der Heiligen Schrift und plädieren für Feinfühligkeit beim Formulieren der Botschaft. Sie nehmen die Vorstellungen von Angehörigen (z. B. die Hoffnung auf Wiedersehen, Ruhe haben) gern auf, urteilen nicht darüber und korrigieren sie nicht mit der »richtigen« Dogmatik. Wenn sie Widersprüche zwischen den Vorstellungen von Trauernden und der christlichen Lehre wahrnehmen, stellen sie beides nebeneinander, ohne das scheinbar oder tatsächlich Nicht-Christliche abzuwerten oder zu korrigieren (z. B. platonisches Weltbild gegen biblisches Weltbild). Die Präsenz Jesu Christi ist allen wichtig. Christus als Retter und Erster, der den Tod überwunden hat, wird von allen als zentrales Motiv ihrer eigenen Auferstehungshoffnung beschrieben. Christus soll in der Beerdigung vorkommen. Zugleich wehren sich die Pfarrerinnen und Pfarrer gegen »Auferstehungsfloskeln«, die nicht existenziell und mit Glauben gefüllt sind. Ihnen ist wichtig, dass der christliche Glaube den Tod ernst nimmt und seine Abgründigkeit nicht vorschnell geglättet oder in Glaubensvorstellungen harmonisiert wird.

Eine offene Frage: Trauerseelsorge

Eine offene Frage ist die Trauerseelsorge außerhalb des Rahmens von Beerdigungsgespräch und -zeremonie.

Im Krankenhaus hat die Seelsorge an Sterbenden (die ja auch Trauernde sind) und Angehörigen zwar noch einen Sitz im Leben. Wenn der Patient verstorben und der Kontakt zwischen Angehörigen und Seelsorger nicht mehr über den Besuch im

Krankenzimmer organisiert ist, wird aber auch hier die Trauerseelsorge schwierig. Man muss sich verabreden, Angehörige müssen nach dem Tod des Patienten ins Krankenhaus kommen oder man trifft sich anderswo. Das scheitert allerdings oft an den alltäglichen Bedingungen und den vielen anderen Aufgaben, die Krankenhausseelsorger haben. Außerdem ist die Hemmschwelle für Angehörige, nach weiterer Trauerseelsorge zu fragen, hoch.

In den Kirchengemeinden ist die Trauerseelsorge eher gering. Gemeindepfarrerinnen und -pfarrer sind auf die Tage um die Beerdigung herum konzentriert und für Hausbesuche bei Sterbenden oder bei Trauernden nach der Beerdigung müssen sie explizit angefragt werden. Die Gemeindepfarrerinnen und -pfarrer, die wir zum Gespräch eingeladen hatten, empfanden das als Manko und Not, sagten aber zugleich, dass sie nicht wüssten, wie sie die Trauerseelsorge stärker in den Fokus ihrer Arbeit rücken könnten. Es sei schwierig, Trauerseelsorge in der Gemeinde zu machen, weil man sich im Alltag, im Dorf oder im Stadtviertel begegne, während die Distanz zwischen Seelsorger und Trauernden im Krankenhaus größer und die Begegnung im Alltag eher unwahrscheinlich sei.

Riten wie das Sechs-Wochen-Amt, das Jahresamt sowie das Gedenken an die Verstorbenen an Allerseelen oder am Toten- und Ewigkeitssonntag, die früher noch die Trauernden zusammengerufen haben, haben ihre allgemeingültige Bedeutung und ihren Sitz im Leben der Gläubigen verloren, weil für viele Menschen der Kontakt zur Tradition verschwunden ist. Um dieses rituelle Gedenken herum war immer auch ein Stück Trauerseelsorge als individuelles Gespräch möglich und viele Trauernde empfanden die Riten selbst als tröstlich.

Insofern hängt Trauerseelsorge in den Gemeinden von der individuellen Schwerpunktsetzung in der Arbeit der in den Gemeinden Tätigen ab. Trauerseelsorge könnte in den Gemeinden schon ein kurzer Besuch bei Trauernden bedeuten, vielleicht einmal im Monat im ersten Trauerjahr, je nachdem, wie schwer die Trauer ist. Schon die Wahrnehmung des Trauernden, dass jemand aus der Kirchengemeinde ihn sieht, ihm Zeit widmet und um ihn weiß, kann eine große Hilfe sein. Denkbar wäre auch, dass Kirchengemeinden Gemeindegliedern die Fortbildung zum Trauerbegleiter ermöglichen und so die Trauerseelsorge in der Gemeinde Verankerung findet.

Die Seelsorge an Trauernden bleibt eine Aufgabe der Kirchengemeinden, der sie mehr Aufmerksamkeit schenken müssen. Auch die Tatsache, dass Beerdigungen ein Beziehungsgeschehen sind, unterstützt die Notwendigkeit der Trauerseelsorge in den Gemeinden.

9 Hoffnung

Hoffnung des Seelsorgers

> »Seid immer bereit, allen, die euch danach fragen,
> zu erklären, welche Hoffnung in euch lebt.«
> (1 Petr 3, 15; Bibel in gerechter Sprache)

Trauersituationen sind schwer auszuhalten. Es ist herausfordernd, mit Trauernden zusammen zu sein, weil sie mit dem Gefährdetsein, der Zerbrechlichkeit und der Endlichkeit des Lebens in Berührung bringen. Trauer kann nicht nur bewusste und unbewusste Ängste bei den Trauernden selbst, sondern auch bei jenen auslösen, die ihnen begegnen. Seelsorgende werden mit ihrer eigenen Sterblichkeit, ihren eigenen Erfahrungen mit Sterben und Tod und der Angst um ihre Angehörigen konfrontiert. Vordergründig wirkt Trauer auf viele Menschen lähmend, weil der gewohnte Modus von Agieren, Eingreifen, Verändern und anderem unangemessen ist. Trost entsteht langsam und in der Begegnung. Schock, Verzweiflung und Klage stehen zunächst im Vordergrund. Seelsorge mit Trauernden braucht einen langen Atem. Mit einem Gespräch ist es nicht getan. Der Seelsorger weiß, dass es für die Trauernden ein langer Weg ist und ihr weiteres Leben stark von der Verlusterfahrung und der Trauer geprägt sein wird. Wenn Kinder sterben, ist es möglich, dass die Ehe oder Lebensgemeinschaft der Eltern daran zerbricht. Wenn ein Ehepartner stirbt, ist es möglich, dass der andere nachstirbt. Wenn Vater oder Mutter sterben, ist es möglich, dass Kinder schwerer oder gar nicht ihren Weg ins Leben finden. All dies muss der Seelsorger aushalten und er muss ebenso mit Impulsen, die seelsorgliche Begegnung zu verschieben und zu meiden, umgehen können. Auftrag der Seelsorge ist es, standzuhalten und Trauernde aufzusuchen und zu begleiten.

Hoffnung ist die zentrale Botschaft des christlichen Glaubens. Der Seelsorger bringt die Hoffnung nicht nur mit Worten, sondern auch mit seiner Person in jede Begegnung mit. Durch seine Rolle, seinen Auftrag und sein Menschsein ist die Hoffnung gegenwärtig. Zu seinem Auftrag gehört, dass er sich die Hoffnung immer wieder neu aneignet, für sich und sein Leben durchbuchstabiert und sie in sich wachhält. Das könnte sich als Überforderung anhören, weil jeder Mensch angesichts von tiefem Leid und Elend an die Grenze seiner Hoffnung kommt und die Hoffnung verlieren kann. Aber für den Seelsorger geht es darum, die Perspektive der Hoffnung offen zu halten. Paradox könnte man sagen, dass der Seelsorger, auch wenn er in einer Begegnung die Hoffnung verliert, sie dennoch im Glauben behält oder wahrt. Er kann seine Hoffnungslosigkeit in Gottes Hände legen und sie dort aufgehoben wissen.

Ein Seelsorger ist tief betroffen von der Not eines Menschen, der seit vielen Jahren chronisch krank ist und sich regelmäßig von Fähigkeiten und Lebensmöglichkeiten verabschieden muss, die ihm aufgrund der fortschreitenden Krankheit nicht mehr zugänglich sind. »Das Leben ist so beschissen«, sagt der Patient immer wieder. Er will eigentlich mit dem Seelsorger über seine Gefühle sprechen und in seiner Traurigkeit, seinem Abschiednehmen und seiner Ohnmacht gesehen werden. Der Seelsorger argumentiert jedoch dagegen. Das Leben sei nicht nur beschissen, sondern auch sinnvoll und lebenswert und es habe viele Facetten und Dimensionen. In der Reflexion der Begegnung erkennt er, dass er das Gefühl, das Leben als sinnlos und »beschissen« zu empfinden, gut kennt und diesem Gefühl im seelsorglichen Kontakt ausgewichen ist. So ist er auch der Not des Mannes ausgewichen. Er erkennt, dass er mit dem Mann seine Not hätte teilen können, so dass der Mann sich gesehen gefühlt hätte. Kein Argumentieren, sondern Mitsein, Zustimmen und Einstimmen hätte Hoffnung gebracht.

Der Seelsorger muss nicht *mehr* Hoffnung haben als sein Gegenüber, aber er muss sich seiner Hoffnung und Zweifel bewusst sein und sie ins Gespräch einbringen können, damit sich neue Horizonte in Richtung Hoffnung öffnen können. Allein schon das Teilen von Hoffnungslosigkeit lässt Trost entstehen und schenkt damit Hoffnung.

Seelsorger als Mitglieder einer Organisation in Abschiedsprozessen

Kirchen befinden sich gegenwärtig in Abschiedsprozessen, die ihre Stellung und Bedeutung in der Gesellschaft und bei einzelnen Menschen betreffen. Sie verlieren Mitglieder und damit nicht nur Ressourcen, sondern auch Zukunft. Die Folgen sind weitreichende Umstrukturierungsprozesse, in denen viele Gemeindeglieder und Hauptberufliche das Gefühl haben, dass Wesentliches verloren geht und sie mit dem Verlust allein gelassen werden. Der Blick wird auf die Umstrukturierung gelenkt und nicht auf die Abschiede und die mit ihnen verbundenen Gefühle. Der Abschied von Kirchengebäuden, die Auflösung und Zusammenlegung von Gemeinden, der Abschied vom personalen Angebot und anderes geht mit Trauerprozessen einher und die Trauernden benötigen Würdigung und Trost. Durch Trauerarbeit könnten ein neues Selbstverständnis und Zuversicht entstehen.

Seelsorge ist in die Veränderungsprozesse der Kirchen involviert. Der große institutionelle Kontext für die Aufgabe der Seelsorger, an der eigenen Hoffnung zu arbeiten, ist ein Abschieds- und Trauerkontext, der als solcher aber nicht angemessen gesehen und gewürdigt wird. Auch die Abschiedsprozesse der Mitarbeiter selbst haben wenig Raum und bekommen wenig Würdigung. Es gibt keinen gemeinsamen Trauerprozess, sondern jeder Mitarbeiter muss seinen Trauerweg individuell gehen. Weil Mitarbeiter das Gefühl haben, Objekte der Umstrukturierung zu sein und mit verwaltet zu werden, drohen Burnout, zynische Haltungen und innere Distanzierungen.

Die angedeutete Situation hat für die Aufgabe der Seelsorger, ihre Hoffnung wach zu halten und von ihr zu sprechen, zwei grundsätzliche Konsequenzen: Es erschwert die Aufgabe, sich in der Seelsorge individuellen Trauerprozessen zu stellen, weil der große, institutionelle Hoffnungsraum infrage steht. Seelsorger können sich einerseits nicht mehr oder nur erschwert auf die Selbstverständlichkeit einer tragenden und lebendigen Glaubensgemeinschaft beziehen und müssen sich stärker als zuvor eine eigene Identität in ihrer Hoffnung schaffen. Anderseits bedeutet genau dies eine Chance, weil es unerlässlich macht, sich mit sich selbst und mit dem eigenen Glauben zu beschäftigen und eine eigene Sprache zu finden. Wenn Seelsorge von allen Seiten zu spüren bekommt, dass Formeln nicht mehr funktionieren, muss sie sich davon frei machen und an der eigenen Hoffnung arbeiten.

Hoffnungsbilder

Hoffnung wird oft mit der Erwartung verbunden, dass sich ein Zustand, ein Befinden oder eine Entwicklung verbessert. Sie wird außerdem mit der Erwartung einer besseren, guten Zukunft verbunden. »Es gibt keine Hoffnung mehr« bekommen Menschen mit einer infausten Prognose zu hören – und haben selbst das Gefühl, dass es keine Hoffnung mehr gibt, weil die Perspektive von Heilung wegbricht. Hoffnung ist für viele Menschen identisch mit der Erwartung einer konkreten Veränderung, die, wenn sie nicht eintritt oder ihre Erfüllung nicht mehr möglich ist, zum Verlust von Hoffnung führt. Trauernde sind oft am Anfang ihrer Trauer in einer Phase, in der sie sich als aller Hoffnung beraubt empfinden, weil sich ihre Hoffnung auf die Erwartung richtet, mit dem Verstorbenen weiterleben zu können. Eine Aufgabe für Trauernde besteht darin, ihre Perspektive zu erweitern auf die Möglichkeit und die Erfahrung hin, dass der Verstorbene nicht ganz verloren ist, sondern weiterhin Bedeutung für ihr Leben hat und als Verstorbener in ihrem Leben einen Platz findet und darin als solcher lebendig ist. Die Liebe bleibt. An diesem Beispiel zeigt sich die Erweiterung des Hoffnungsbegriffs, der viel Spiel- und Deutungsraum hat und sich nicht auf die Erfüllung einer konkreten Erwartung reduzieren lässt.

Eine Seelsorgerin wird zu einem Patienten gerufen, der einen metastasierenden Tumor und keine Heilungschancen hat. Seine Ehefrau sitzt an seinem Bett. Im Gespräch der Seelsorgerin mit dem Patienten wird deutlich, dass er in sein Schicksal einstimmt und sich wünscht, dass er seinen letzten Weg in Frieden gehen darf. Seine Ehefrau wird ganz unruhig, während ihr Mann spricht, und sagt dann zur Seelsorgerin: »Wir müssen jetzt viel beten, damit mein Mann wieder ganz gesund wird.« (Die Aussage der Ehefrau wird von der kurativen Medizin unterstützt, die sofort

Angebote von Chemotherapie mit der Hoffnung auf Verbesserung des Zustands gemacht hat.) Die Seelsorgerin schafft es, die Spannung zwischen dem Einstimmen des Mannes und dem Widerstand der Ehefrau auszuhalten. Sie widerspricht der Ehefrau nicht *und* bleibt innerlich beim Ehemann.

In diesem Beispiel werden zwei Hoffnungsverständnisse deutlich. Das eine, das des Sterbenden, richtet sich auf seine Gegenwart, auf das Einstimmen und Zulassen, auf das Loslassen der Erwartung von Heilung und auf inneren Frieden. Das andere, das der Ehefrau und der Medizin, richtet sich auf Veränderung, auf Widerstand gegen die Krankheit und auf Heilung. Beide Hoffnungen sind gleichzeitig im Raum und vielleicht auch gleichzeitig in denselben Menschen. Es ist wichtig, beide nicht gegeneinander auszuspielen, denn beide gehören zum Leben und zu Menschen.

Biblisch ist Hoffnung eng mit dem Begriff der Verheißung verbunden. Verheißungen werden in der Bibel von Gott gegeben und haben ihren Ursprung in Gott. Sie haben in sich die Kraft, Menschen auf den Weg zu schicken und sie zum Durchhalten, Aufbrechen und Ankommen zu befähigen. Sie sind Sehnsuchtsbilder, die die Sehnsucht als lebendige Kraft transportieren. Hoffnung im biblischen Sinn richtet sich auf Gott, der einen Raum auftut und Wege ermöglicht. Theologisch geht es um die Spannung zwischen dem Reich Gottes, das *schon* da ist, wenn Menschen die Erfahrung von Heil und Heilung, von Ganzheit, Mitmenschlichkeit und Nähe zu Gott machen – und dem Reich Gottes, das *noch nicht* da ist, weil die Welt noch nicht vollendet ist und Leiden zum Leben von Menschen dazugehört.

Neben Vertrauen und Liebe ist Hoffnung einer der zentralen Begriffe in der Bibel (1 Kor 13, 13). Gott ist der Gott der Hoffnung (Röm 15, 13). Die Bibel beschreibt dies in vielen Hoffnungsbildern und -geschichten. Menschen können sich in diesen Bildern und Geschichten wiederfinden und werden angeregt, eigene Hoffnungsbilder zu entwickeln. Die Geschichten und Bilder der Hoffnung schaffen eine Gegenwirklichkeit zur Schwere und Aussichtslosigkeit der Trauersituation. Wenn Hoffnungsbilder zu dem, was in der Begegnung geschieht, passen und nicht als Methode oder beliebig eingesetzt werden, helfen sie, die Situation zu verstehen. Sie ermöglichen dann, sich den starken Gefühlen zu stellen und sie zuzulassen. Hoffnungsgeschichten und -bilder können energetisch wirken und Wirklichkeit schaffen.

In einem Gesprächskreis auf einer forensischen psychiatrischen Station sind Frauen anwesend, die sich in individuellen Abschiedsprozessen befinden. Abschied ist ein Grundthema dieser Frauen, zum Beispiel Abschied von der Freiheit, der Familie, der Gesundheit oder Abschied von der Vorstellung, irgendwann einmal selbstständig leben zu können. Der Seelsorger erzählt die Geschichte von Jesu Kreuzigung und Auferstehung. Als er die Geschichte von Jesu Grablegung erzählt und vom Ostermorgen beginnen will, unterbricht ihn eine der Frauen, streckt ihren rechten Arm aus und ruft: »Sehen Sie mal, ich habe eine richtige Gänsehaut von dem, was sie erzählen!« Eine andere ruft: »Ja, ich auch!«

Dieses Beispiel macht deutlich, dass es sinnvoll sein kann, biblische Geschichten zu erzählen und für sich selbst sprechen lassen. Wichtig ist, dass der Seelsorger einen Bezug zu der Geschichte hat, die er erzählt, und dass die Geschichte zur Situation passt, in der sich die Menschen, denen sie erzählt wird, befinden. Der Seelsorger braucht hier hermeneutisches Gespür.

Nach einer seelsorglichen Begegnung kann ein Seelsorger ein biblisches Bild oder eine biblische Geschichte für die Begegnung, die hinter ihm liegt, für sich finden und so die Begegnung nicht nur reflektieren, sondern auch in einen Hoffnungshorizont stellen. So verharrt er nicht in der Stimmung und Atmosphäre der Begegnung, sondern ergänzt sie um eine andere, biblische Perspektive. Beim nächsten Gespräch kann er, wenn es passt, dieses biblische Bild dem Anderen erzählen und fragen, ob es ihm hilft, seine Situation besser zu verstehen, oder ob es ein anderes Licht auf sie wirft.

Biblische Hoffnungsbilder
Einige Hoffnungsbilder aus der Bibel werden im Folgenden beschrieben. Sie haben sich in der Begleitung von Trauernden und Seelsorge mit Trauernden als besonders hilfreich erwiesen. Die genannten Hoffnungsbilder sollen als Anregung dienen, weitere Hoffnungsbilder in der Bibel zu entdecken.

Engel sind ein Motiv, das viele Menschen anspricht. In der Bibel begegnet der Engel Raffael als Wegbegleiter dem erblindeten Tobit (deuterokanonisches Buch). Er begleitet Tobias, Tobits Sohn, in der Gestalt eines Menschen auf seinem Weg von Ninive nach Medien, wo er Geld holen soll, das sein Vater dort jemandem geliehen hat. In Medien überwindet Tobias mithilfe von Raffael einen Dämon und kehrt mit dem Geld seines Vaters nach Ninive zurück. Tobit wird von seiner Blindheit geheilt.

Drei Motive, die Menschen mit Engeln verbinden, werden in dieser Geschichte deutlich. Engel begleiten Menschen, einerlei wohin sie gehen und wie schwer der Weg ist. Sie behüten Menschen auf ihrem Weg und zeigen ihnen den Weg. Engel beruhigen und helfen, innere Dämonen wie Unsicherheit, Angst, Unruhe, quälende Gedanken, depressive Verstimmungen, Schuldgefühle und anderes zu überwinden. Außerdem unterstützen Engel Menschen auf ihrem Weg zur Heilung.

In Psalm 91 wird Behütung als Funktion von Engeln betont. »Denn er hat seinen Engeln befohlen, dass sie dich behüten auf allen deinen Wegen« (Ps 91, 11; Lutherübersetzung, 2017).

Im Ersten Buch der Könige (1 Kön 19, 1 ff.) wird erzählt, dass Elia nach einem großen Kampf erschöpft in die Wüste flieht, sich unter einen Ginsterstrauch setzt und sterben will. Zweimal rührt ihn ein Engel an und sagt zu ihm: »Steh auf, iss, denn der Weg, der vor dir liegt, ist weit!« (1 Kön 19, 7; Bibel in gerechter Sprache). Elia kommt wieder zu Kräften und macht sich auf den Weg.

Eine Seelsorgerin begleitet eine Mutter mit ihrem Sohn, der eine schwere, lebensbedrohliche Krankheit hat. Bei ihren Besuchen auf verschiedenen Stationen lernt die Seelsorgerin die Frau näher kennen und sie kommen miteinander ins Gespräch. Obgleich die Frau bekennende Atheistin ist, nimmt sie die Einladung zum Abendgottesdienst an und schätzt dort die tragende, haltende Atmosphäre. An einem Abend wird die Geschichte von Elia im Gottesdienst gelesen. In einer späteren Begegnung kommt die Frau auf die Elia-Geschichte zu sprechen und sagt, die Seelsorgerin sei ihr wie dieser Engel bei Elia gewesen. Die Gespräche hätten ihr Kraft gegeben. Der Engel wurde dieser Frau zum inneren Bild und inneren Begleiter.

»Gott wird abwischen alle Tränen von ihren Augen und der Tod wird nicht mehr sein, noch Leid, noch Geschrei noch Schmerz wird mehr sein; denn das erste ist vergangen« (Off 21, 4; Lutherübersetzung, 2017). In der Bibel in gerechter Sprache heißt es: »Auch Trauer, Wehgeschrei und Schinderei wird nicht mehr sein.«

Eine Seelsorgerin begleitet ein Elternpaar in einer Kinderklinik. Ihr Kind ist schwerkrank geboren worden und seit seiner Geburt in der Klinik. Es bewegt sich zwischen Leben und Tod. Der Vater bittet die Seelsorgerin darum, das Kind zu taufen, während die Mutter eher indifferent im Glauben ist. Um die Mutter nicht zu übergehen und ihre Haltung zu erfahren, führt die Seelsorgerin ein Gespräch mit ihr. Sie fragt die Mutter, was sie sich für ihr

Kind wünsche. Die Mutter antwortet, sie wünsche, dass das Kind an einem Ort sei, wo es nicht mehr weinen müsse, kein Leid mehr empfinde, nicht mehr so gequält werde und wo es froh sein könne. Das Faszinierende für die Seelsorgerin ist, dass die Mutter im Idiom des biblischen Textes (Offenbarung des Johannes) spricht, ohne ihn zu kennen. Die Seelsorgerin kann das Hoffnungsbild der Mutter als Grundlage für die Taufe verwenden. Einige Tage nach der Taufe verstirbt das Kind. Bei der Beerdigung ist das Bild aus der Offenbarung des Johannes der Trost, in dem sich die Eltern bergen.

Ein weiteres biblisches Hoffnungsbild ist, dass sich Chaos in Schöpfung und Gestalt verwandelt. Die Bibel beginnt mit den Worten: »Da war die Erde Chaos und Wüste«, hebräisch Tohuwabohu, »Dunkelheit war da angesichts der Urflut und Gottes Geistkraft bewegte sich angesichts der Wasser« (Gen 1, 1; Bibel in gerechter Sprache). Was hier beschrieben wird, kann man als Hoffnungsbild auf Trauer übertragen. Trauer fühlt sich dunkel und finster an. Sie verursacht chaotische Gefühle, Gedanken und Körperreaktionen. Das Gefühl, dass alles so bleibt, also dunkel, chaotisch, lebensfeindlich und trostlos, gehört zur Trauer. Hoffnung kann aus dem Vertrauen auf die Geistkraft kommen, die Unerwartetes und Neues schafft, zum Beispiel dass der Schmerz weniger wird, dass der Verstorbene ins Leben integriert wird und dass neue Beziehungen möglich werden und das Leben sich wieder lebenswert anfühlt.

Ein Mann kommt mit einer Trauererfahrung zu einem Seelsorger. Seine Großmutter ist verstorben. Das Sterben der Frau war friedlich. Der Mann kommt auf seine Partnerschaft zu sprechen. Er lebt mit einem Mann zusammen und spürt, dass die Beziehung ihn nicht mehr erfüllt. Er hat das Gefühl, dass ein Abschied ansteht, aber er weiß nicht, auf was sich der Abschied bezieht. Der

Abschied muss nicht zwangsläufig die Beendigung der Partnerschaft, sondern könnte auch eine Veränderung in der Partnerschaft bedeuten. Alles fühlt sich wie ein Chaos für ihn an. Er ist verunsichert und sucht Orientierung. Der Seelsorger bietet ihm das Bild vom Anfang der Schöpfung an und der Mann findet sein Erleben in diesem Bild wieder. Durch die Geschichte kommt er zu dem Vertrauen, dass sich sein eigenes Chaos ordnet. Und er kommt in Kontakt mit der Hoffnung, dass er das Chaos gestalten kann. Als Symbol für seine Hoffnung findet er ein Teelichtglas, das er in Chartres gefunden und mitgenommen hat: Es war aus einzelnen Mosaiksteinen zusammengesetzt und wurde so zum Behältnis für Licht.

Es wären noch viele weitere biblische Hoffnungsbilder zu nennen Beispielhaft seien genannt:

»Gott, du holst mich wieder herauf aus den Tiefen der Erde. Du machst mich sehr groß und tröstest mich wieder« (Ps 71, 20b–21; Lutherübersetzung, 2017).

»Bist du nicht der, der uns das Leben wiedergeben kann, dass dein Volk sich deiner freut? (Ps 85, 7; Zürcher Bibel).

Die Auferweckung des Sohnes der Witwe zu Zarpat (1 Kön 17, 17 ff.).

In seinen Abschiedsreden im Johannesevangelium spricht Jesus ohne Dramatisierung von seinem nahen Tod. Seine Haltung ist: Gott kann die Traurigkeit wenden. Jesus erkennt die Trauer der Jünger an und begrenzt sie zugleich. »Und auch ihr habt nun Traurigkeit, aber ich will euch wiedersehen, und euer Herz soll sich freuen, und eure Freude soll niemand von euch nehmen« (Joh 16, 22; Lutherübersetzung, 2017).

In den Ostererzählungen wird deutlich, dass sich die Beziehung zwischen den Jüngern und Jesus verändert hat. Sie erkennen ihn erst, wenn er sich zu erkennen gibt. Die Beziehung zum Auferstandenen ist eine andere als die zum irdischen Jesus.

Individuelle Hoffnungsbilder

In der Seelsorge ist es wichtig, auch individuelle Hoffnungsbilder, die Menschen in sich tragen, zu wecken und zur Sprache zu bringen. Die individuellen Hoffnungsbilder ergeben sich aus der Lebensgeschichte. Oft sind sie mit Orten verbunden, wo Menschen sich wohlgefühlt haben und wohlfühlen, mit Lebenssituationen, die ihnen gutgetan haben, und mit Menschen, die ihnen Zuwendung und Zuspruch geschenkt haben. Menschen tragen solche Hoffnungsbilder als Schatz in sich und können sie als Kraftquelle nutzen.

Eine junge schwangere Frau weiß, dass ihr Kind, das in den nächsten Tagen zur Welt kommen soll, behindert sein wird und sterben wird. Die Seelsorgerin begleitet die Eltern in den Tagen vor der Geburt. Sie weiß nicht, welchen Glauben die Eltern haben. Intuitiv bietet sie der jungen Frau immer wieder biblische Bilder für ihre Situation an, die diese gerne annimmt. Die Mutter sagt, sie könne das Kind nicht loslassen. Die Geburt zieht sich über Tage und Nächte hin. Das Loslassen fällt der Frau sehr schwer. Die Seelsorgerin fragt, was sie dazu brauche. Ein Land, in dem es schön sei, sagt die Frau. Die Seelsorgerin lässt sich das Land von ihr beschreiben: ein Stück Strand in Schottland, wunderschön, sie und ihr Mann lieben diesen Flecken Erde. Nach der Erzählung verabschiedet sich die Seelsorgerin und erfährt später, dass die Mutter das Kind zwei Stunden nach dem Gespräch zur Welt gebracht hat. Das Kind konnte geboren werden, nachdem die Mutter einen Ort gefunden und beschrieben hat, an dem sich das Kind wohlfühlen und wo sie es frohen Mutes lassen konnte.

Ein Seelsorger schlägt einer Frau, die vor einigen Monaten ihren Mann verloren hat, vor, gemeinsam zu beten. Sie sagt daraufhin, sie bete nicht, aber sie singe sich jeden Abend die Abendlieder vor, die sie kenne, damit sie einschlafen könne. Die Lieder schenken der Frau Geborgenheit, Erinnerungen an die Kindheit und das Geborgensein bei der Mutter.

Eine Frau, die durch sehr schlimme Umstände ihre Tochter verloren hat, erzählt dem Seelsorger, dass sie nachts nur schlafen könne, wenn sie sich vorstelle, ihren Kopf in den Schoß der Marienfigur aus der Kirche ihrer Kindheit zu legen.

Hoffnungsbilder in Märchen

In jeder Kultur sind Märchen ein großer Schatz, in dem der Umgang mit Entwicklung, Krisen, Selbstfindung und vielem mehr beschrieben wird. In jeder Kultur gibt es auch Märchen zu Tod und Trauer. Für viele Menschen sind Märchen eine große Hilfe, um sich selbst und das eigene Leben zu verstehen und Hoffnungsbilder zu entwickeln.

Im Märchen »Die Nixe am Teich« der Brüder Grimm wird ein Trauerweg in eindrucksvoller Weise beschrieben. Ohne das Märchen ganz zu erzählen, seien einige zentrale Motive genannt:

Eine trauernde Frau, die ihren Mann verloren hat, umrundet einen Teich, bis sie erschöpft zusammenbricht. Im Schlaf hat sie einen Traum, der sie zu einer weisen Frau führt, die ihr einen Weg zeigt, wie sie ihren Mann wiederfindet. Nachdem sie ihn gefunden hat, werden sie aufs Neue getrennt. Erst nach langer Zeit, in der beide eine eigene Entwicklung durchmachen, finden sie sich wieder. Sie erkennen sich nicht. Die Beziehung hat sich verwandelt und kann neu gelebt werden.

Auch das Motiv der Schuld spielt in diesem Märchen eine große Rolle.

Märchen helfen dabei, eine Lebens- und Trauersituation zu deuten, und wecken Hoffnung auf Veränderung und Wandlung. Man muss nicht unbedingt ein Märchen erzählen, das ein Abschieds- oder Trauermotiv beschreibt, sondern kann auch ein allgemeines Märchen zur Deutung einer Lebens- und Trauersituation heranziehen. Viele Märchen enthalten Helferfiguren, die Menschen in ihrer Not unterstützen und ihnen Rat geben.

In einer Trauergruppe regt die Trauerbegleiterin die Trauernden dazu an, ihren individuellen Trauerweg zu malen. Ein Bild eines Trauernden zeigt einen schwarzen Brunnen in einer bunten Landschaft, in den der, der das Bild gemalt hat, hineinfällt. Eine Teilnehmerin deutet das Bild mit dem Märchen von Frau Holle. Dort steigt Goldmarie in den Brunnen hinab, bewältigt Aufgaben und wird von Frau Holle belohnt. Das Bild hilft dem Trauernden, sich selbst besser zu verstehen, nämlich als einen Menschen, der wie Goldmarie beschenkt wurde. Er ist seinen Trauerweg gegangen, hat viel Schweres erlebt und seinen Weg zurück ins Leben gefunden. Er hat eine neue Beziehungsfähigkeit und Freude am Leben gewonnen. So ist sein Leben durch den Trauerweg reicher geworden.

In anderen Bildern taucht das Motiv vom dunklen, undurchdringlichen Wald auf. In Märchen verirren sich Menschen im Wald und müssen es in der Einsamkeit und Not im Wald aushalten, bekommen aber auch Hilfe durch Tiere und freundliche Wesen. Im Wald geschieht Wandlung. Trauer ist wie ein undurchdringlicher Wald, dunkel, bedrohlich und ausweglos. In Märchen wird der Wald stets überwunden, das heißt, die Märchenfiguren finden wieder aus dem Wald heraus.

Kulturelle Hoffnungsbilder

Auch in Kultur und Gesellschaft existieren viele Hoffnungsbilder, die in der Trauerseelsorge hilfreich sein können. So ist zum Beispiel der Jahreszyklus mit seiner Bejahung von Werden und Vergehen für viele Menschen ein Trost, in den sie sich bergen können. Literatur, Musik und Malerei enthalten viele Hoffnungsbilder, die Trauernde ansprechen und ihnen einen Raum für den Ausdruck des eigenen Empfindens schenken können.

Pilgerweg

Eine Frau ist in großer Trauer. Im Alter von 50 Jahren hat sie ihren Mann durch einen viel zu frühen Tod verloren. Sie versinkt in Melancholie und Passivität. Sie verliert das Zutrauen ins Leben und das Vertrauen in sich selbst. Der Kontakt zu anderen Menschen reduziert sich. Manchmal spricht sie mit einem Seelsorger über ihre Trauer und nimmt an einer Trauergruppe eines Hospizvereins teil. Irgendwann entsteht in ihr der Gedanke, ein Stück Pilgerweg zu gehen. Sie hat das Gefühl, dass es ihr guttut, aufzubrechen und sich zu bewegen. In Frankreich und Spanien geht sie den Jakobsweg. Der Weg wird für sie zu einem symbolischen Trauerweg. Sie bricht auf und traut sich, das Alte hinter sich zu lassen und sich auf den Weg zu machen.

Sie ist allein unterwegs und für sich selbst, trifft aber zugleich Menschen, die mit ihr denselben Weg mit ihrer eigenen Lebensgeschichte gehen. Gemeinschaft entsteht temporär. Die Gemeinschaft trägt sie. Zugleich gibt die erfahrene Gemeinschaft ihr die Hoffnung, dass sich ihr das Leben neu erschließt. Sie hat ein äußeres Ziel, aber der Weg selbst ist das größere Ziel. Was sie reizt, ist der Aufbruch, die Bewegung, das Unterwegssein und die Begegnung mit anderen Menschen.

Jenseits von Zeit und Raum

Das Titelbild dieses Buches zeigt ein Fenster in der Kirche St. Valentin in Limbach im Odenwald. Vor einigen Jahren ist die Kirche abgebrannt. In der Kirchengemeinde überlegte man in einem längeren Prozess, ob man eine neue Kirche im alten oder einem völlig anderen Stil wieder aufbaut. So kam es zu der Idee, im Wiederaufbau alte und neue Elemente der Kirche zu vereinen. Unter anderem bekam die Künstlerin Gabriele Wilpers den Auftrag, die Fenster der Kirche zu gestalten. Für einige Fenster benutzte die Künstlerin Asche der abgebrannten Kirche und formte sie als Abbilder von Galaxien in das Glas der Fenster. Eines dieser so gestalteten Fenster sieht man auf dem Titelbild dieses Buches.

Vergängliches bekommt einen anderen Sinn in der Größe und Weite des Weltraums. Jenseits von Zeit und Raum nimmt Vergangenes eine neue Gestalt an. Das Fenster wird selbst zu einem Blick in eine andere Wirklichkeit als die irdische, in die unendlichen Weiten des Weltraums, und zugleich ist das Irdische darin aufgehoben.

Literatur

Bibelausgaben

Die Bibel: Die Heilige Schrift des Alten und Neuen Testaments. Zürcher Bibel. Zürich: Verlag der Zürcher Bibel, 1955.

Die Bibel: Die Heilige Schrift des Alten und Neuen Bundes. Deutsche Ausgabe mit den Erläuterungen der Jerusalemer Bibel (12. Auflage). 1968. Freiburg im Breigau, Basel, Wien: Herder, 1968.

Die Bibel: Einheitsübersetzung. Vollständige Ausgabe des Alten und des Neuen Testaments in der Einheitsübersetzung (2. Auflage). Stuttgart: Verlag Katholisches Bibelwerk, 1998.

Die Bibel in gerechter Sprache (3. Auflage). Gütersloh: Gütersloher Verlagshaus, 2007.

Die Bibel nach Martin Luthers Übersetzung. Lutherbibel revidiert. 2017 mit Apokryphen. Stuttgart: Deutsche Bibelgesellschaft, 2016.

Weitere Quellen

Antonovsky, A. (1997). Salutogenese. Zur Entmystifizierung der Gesundheit. Tübingen: Dgvt-Verlag.

Boeckh, A. (2008). Methodenintegrative Supervision. Ein Leitfaden für Ausbildung und Praxis. Stuttgart: Klett-Cotta.

Bonanno, G. (2012). Die andere Seite der Trauer. Verlustschmerz und Trauma aus eigener Kraft überwinden. Magdeburg: Aisthesis.

Bowlby, J. (2001). Frühe Bindung und kindliche Entwicklung. München: Ernst Reinhardt.

Bowlby, J. (2006). Bindung und Verlust. Mutterliebe und kindliche Entwicklung. München: Ernst Reinhardt.

Coenen, L., Haacker, K. (Hrsg.) (2000). Theologisches Begriffslexikon zum Neuen Testament. Teil II: Altes Testament und Frühjudentum. Bd. 2: I–Z. Wuppertal: Brockhaus.

Engemann, W. (2007). Handbuch der Seelsorge. Grundlagen und Profile (2., neubearb. Auflage). Leipzig: Evangelische Verlagsanstalt.

Kachler, R. (2005). Meine Trauer wird dich finden. Ein neuer Ansatz in der Trauerarbeit. 2005. Stuttgart: Kreuz.

Kachler, R. (2017). Hypnosystemische Trauerbegleitung. Ein Leitfaden für die Praxis (4. Aufl.). Heidelberg: Carl Auer.

Kast, V. (1993). Trauern. Phasen und Chancen des psychischen Prozesses (14. Aufl.). Stuttgart: Kreuz.

Keupp, H. (2007). Von der (Un-)Möglichkeit erwachsen zu werden – Welche Ressourcen brauchen Heranwachsende in der Welt von Morgen? Vortrag beim »Josefstaler Gespräch« am 30. Juni 2002. https://www.josefstal.de/aktuelles/archiv-jahresberichte/2002/010_keupp_2002.pdf

Klessmann, M. (2004). Pastoralpsychologie. Ein Lehrbuch. Neukirchen-Vlyn: Neukirchener Verlag.

Klessmann, M. (2008). Seelsorge. Begleitung, Begegnung, Lebensdeutung im Horizont des christlichen Glaubens. Ein Lehrbuch. Neukirchen-Vlyn: Neukirchener Verlag.

König, K. (2005). Kleine psychoanalytische Charakterkunde (8. Aufl.). Göttingen: Vandenhoeck & Ruprecht.

Lammer, K. (2013). Den Tod begreifen. Neue Wege in der Trauerbegleitung (6. Aufl.). Neukirchen-Vluyn: Neukirchener Verlag.

Leidfaden – Fachmagazin für Krisen, Leid, Trauer (2012). Resilienz – Schutzschirm der Psyche. Heft 2/2012. Göttingen: Vandenhoeck & Ruprecht.

Rentz, R. (2016). Schuld in der Seelsorge. Historische Perspektiven und gegenwärtige Praxis. Stuttgart: Kohlhammer.

Roser, T. (Hrsg.) (2019). Handbuch der Krankenhausseelsorge (5., überarbeitete und erweiterte Auflage). Göttingen: Vandenhoeck & Ruprecht.

Stauss, K. (2010). Die heilende Kraft der Vergebung. Die sieben Phasen spirituelltherapeutischer Vergebungs- und Versöhnungsarbeit. München: Kösel.

Sterbesegen. Diözese Rottenburg Stuttgart https://www.liturgie.ch/liturgiepraxis/lebenslauf/sterben-und-begraebnis/1202-sterbesegen-rottenburg-stuttgart

Weiher, E. (2014). Das Geheimnis des Lebens berühren. Spiritualität bei Krankheit, Sterben und Tod. Eine Grammatik für Helfende (4. Aufl.). Stuttgart: Kohlhammer.

Worden, W. J. (2011). Beratung und Therapie in Trauerfällen. Ein Handbuch (4., überarbeitete und erweiterte Auflage). Bern: Huber.